LAURENT MAUDUIT

Laurent Mauduit est un écrivain et un journaliste d'investigation français spécialisé dans les affaires économiques. Après avoir travaillé à *Libération* puis au *Monde*, qu'il quitte en raison d'un désaccord concernant la politique éditoriale, il a cofondé en 2008 le site d'information Mediapart, avec Edwy Plenel. Il est notamment l'auteur d'enquêtes sur des personnages emblématiques du capitalisme français, comme Alain Minc ou Bernard Tapie. Il a également écrit plusieurs essais sur la gauche française.

LES IMPOSTEURS DE L'ÉCONOMIE

LAURENT MAUDUIT

LES IMPOSTEURS DE L'ÉCONOMIE

JEAN-CLAUDE GAWSEWITCH ÉDITEUR

MIXTE
Issu de sources responsables
FSC® C003309
FSC
www.fsc.org

Pocket, une marque d'Univers Poche,
est un éditeur qui s'engage pour
la préservation de son environnement
et qui utilise du papier fabriqué à partir
de bois provenant de forêts gérées
de manière responsable.

ISBN : 978-2-266-23407-8

Avertissement

Pour écrire ce livre, j'ai rencontré ou échangé avec de nombreux économistes français et étrangers. Certains ont accepté que j'en fasse état : Dominique Plihon [1]*, Christian de Boissieu* [2]*, Philippe Askenazy* [3]*, Jean-Hervé Lorenzi* [4]*, Jacques Delpla* [5]*, Pierre-Alain Muet* [6]*, Henri Sterdyniak* [7]*, Thomas Piketty* [8]*, François Bourguignon* [9] *et Guillaume Hollard* [10]*. D'autres, nombreux, ont préféré que nos échanges restent confidentiels. Aux uns et aux autres, je voudrais exprimer ma gratitude car, sans leur aide, ce livre n'aurait pas vu le jour.*

Certains de mes interlocuteurs ont eu le sentiment par avance – ils me l'ont dit – que mon récit ne les

1. Rencontré le 10 octobre 2011.
2. Rencontré les 20 octobre et 10 novembre 2011.
3. Rencontré le 21 octobre 2011.
4. Rencontré le 7 novembre 2011.
5. Rencontré le 7 novembre 2011.
6. Rencontré le 8 novembre 2011.
7. Rencontré le 10 novembre 2011.
8. Rencontré le 21 novembre 2011.
9. Rencontré le 22 novembre 2011.
10. Rencontré le 1er décembre 2011.

présenterait pas forcément sous un jour favorable. Ils ont pourtant eu l'élégance de se prêter au jeu et je voudrais ici leur dire ma reconnaissance particulière.

Je dois pourtant dire que j'ai essuyé des refus. Le président de l'université de Paris-Dauphine, Laurent Batsch, n'a pas voulu me rencontrer ni même me parler brièvement, malgré plusieurs relances de ma part. Sa chargée de communication m'a proposé un rendez-vous avec un responsable de la Fondation Dauphine, mais après mon accord, elle est devenue inaccessible malgré mes messages répétés.

J'ai aussi demandé à parler à un dirigeant de l'École d'économie de Toulouse. L'un d'eux, Franck Portier, devait « revenir » vers moi, mais il ne l'a pas fait.

Il en a été de même avec l'économiste Daniel Cohen que j'ai alerté à plusieurs reprises, mais qui n'a pas jugé utile de me répondre ni même d'entendre les questions que j'aurais aimé lui soumettre. Je regrette profondément ce silence, d'autant que nos relations étaient confiantes depuis de très longues années.

Frédéric Lordon n'a pas plus souhaité me rencontrer.

Parmi les économistes qui m'ont particulièrement éclairé figure un ami cher : je veux lui dire ma grande estime et ma vive amitié. Deux journalistes m'ont aussi apporté une aide précieuse. Je ne cite pas leur nom, mais ils se reconnaîtront et je veux leur exprimer ici ma profonde gratitude.

Enfin, mon affection va aux miens, mon fils Tristan et mon épouse Marie-Noëlle qui m'ont soutenu durant ce travail, et notamment à cette dernière qui a eu la gentillesse de me relire et de me prodiguer conseils et avis.

À mes consœurs et confrères de Mediapart *avec lesquels je partage la passion du journalisme libre et indépendant.*

Introduction revue et augmentée par l'auteur

Quand la crise financière s'est accentuée à partir de 2007, puis quand elle s'est transformée en une crise économique historique au lendemain de la faillite, le 15 septembre 2008, de la banque américaine Lehman Brothers et, enfin, quand l'Europe a été dévastée par une crise de la dette à rebondissements, à partir de l'automne 2011, les économistes ont parfois été critiqués, mais pas toujours de la même manière.

En France, nul vrai débat, ni réelle polémique. Malgré la violence de la crise et le cortège de souffrances sociales qu'elle a généré, quelques économistes parmi les plus médiatisés, ceux qui courent micros et plateaux de télévision, ont seulement été moqués pour leur manque de discernement ou de clairvoyance. Dans les magazines, on a vu fleurir, ici ou là, le bêtisier de la crise. On en connaît les héros, puisque tous les économistes connus, ou presque, ont été épinglés. De l'économiste de la banque Natixis Patrick Artus (« La crise est finie ») jusqu'à l'économiste de l'École normale supérieure Daniel Cohen (« La bonne nouvelle c'est que cela ne durera pas plus longtemps »), en passant par l'entremetteur du capitalisme parisien Alain Minc (la crise est « grotesquement psychologique ») ou encore l'économiste Anton Brender (« Les paniques bancaires à l'ancienne ont disparu grâce au dispositif d'assurance des dépôts mis en place pour permettre de les éviter »). Dans la foulée, une ribambelle de dirigeants français ont été montrés du doigt, pour avoir tenu les mêmes propos lénifiants ou mensongers, de l'ex-ministre des Finances devenue patronne du Fonds monétaire international (FMI) Christine Lagarde (« Le gros de la crise est derrière nous ») jusqu'à son prédécesseur au FMI, Dominique Strauss-Kahn (« Les pires nouvelles sont derrière nous »)...

Mais, rien de conséquent ! Cette ineptie n'a pas empêché Christine Lagarde de faire carrière à Washington – ni d'ailleurs, et c'est plus grave, sa possible mise en cause pour complicité de détournement de fonds publics dans l'affaire Tapie/Crédit Lyonnais. Pas plus que les bêtises proférées par les économistes français les plus connus ne les ont condamnés à une abstinence médiatique, même courte : depuis que la crise a commencé, ce sont toujours les mêmes que l'on entend sur toutes les ondes de radio et dans toutes les émissions de télévision. Et le retour de la gauche au pouvoir, au lendemain de la victoire de François Hollande à la présidentielle, n'a en vérité pas changé grand-chose.

Aux États-Unis, l'affaire a pris une tournure bien différente. Des économistes parmi les plus connus ont été mis en cause pour leur connivence avec le monde de la finance qui a entraîné la planète tout entière dans la tourmente. Des économistes ont été pointés du doigt pour avoir rédigé des rapports faisandés en faveur de la dérégulation et avoir amassé en retour des tas d'or. Des économistes ont été dénoncés pour avoir, sous couvert d'un discours académique, disculpé les banquiers et assureurs américains de toute responsabilité, alors que ces mêmes banquiers et assureurs les avaient cooptés dans leurs conseils d'administration.

En bref, de nombreux économistes ont été mis en cause pour leur manque d'indépendance, leurs conflits d'intérêts voire même, leur corruption.Ce procès, c'est l'Américain Charles Ferguson qui l'a probablement le mieux mis en scène à l'automne 2010 dans *Inside Job*, un documentaire qui décrit par le menu les débuts de la crise aux États-Unis, celle des *subprimes*, et le rôle accablant joué par certains économistes parmi les plus célèbres, stipendiés à des degrés divers par Wall Street.

Dans ce film édifiant, on voit ainsi défiler, les uns après les autres, tous les grands noms de l'économie aux États-Unis, ceux-là mêmes qui ont entretenu des relations incestueuses avec le monde de la banque ou celui des affaires. De Larry Summers, le conseiller économique de Bill Clinton et de Barack Obama, qui s'est enrichi grâce à des *hedge funds* jusqu'à Frederic Mishkin, ancien membre de la Réserve fédérale (la banque centrale américaine), grassement rémunéré pour rédiger un rapport sur la bonne santé financière de l'Islande quelques mois seulement avant que le pays ne fasse faillite, ils sont nombreux à être épinglés.

Aux États-Unis, ce documentaire a fait sensation alimentant un grand débat et une réflexion salubre sur l'invraisemblable endogamie entre la communauté des économistes et les milieux d'affaires. Tout le monde a compris que le film, mis à part quelques raccourcis ou simplifications, visait juste. Ainsi, dans le *New York Times* du 6 décembre 2010, le célèbre chroniqueur et prix Nobel d'économie Paul Krugman soulignait : « Je ne pense pas que tous les économistes soient du genre à se faire payer pour défendre un point de vue – le film ne le prétend d'ailleurs pas. Mais ce que le documentaire suggère, en revanche, c'est qu'il existe une sorte de corruption douce : vous pouvez gagner beaucoup d'argent grâce à l'industrie financière, vous pouvez être coopté dans les conseils d'administration, mais à la condition que vous ne cassiez pas trop la baraque [...] Et je pense que tout cela est très vrai. »

Pour qui a vu *Inside Job*, une question vient immanquablement à l'esprit : pourquoi ce débat si important et qui a pris une telle ampleur aux États-Unis n'a-t-il eu pratiquement aucun écho en France ? Cette interrogation est d'autant plus pertinente qu'il y a dans ce documentaire au moins un indice qui suggère que la France est elle-même directement concernée par ces dérives. Parmi les économistes épinglés, si ce n'est accusés, figure un certain Richard Portes. Et si le film ne s'attarde pas spécialement sur son cas, il est pourtant accablant : comme Frederic Mishkin, cet économiste a réalisé un rapport sur l'Islande. C'était en avril 2008. Rédigé sous l'égide de la London Business School et un institut britannique, le Centre for Economic Policy Research, pour le compte de la Chambre de commerce islandaise, ce rapport est... consternant. Il poursuit en effet un objectif principal : convaincre qu'un « atterrissage en catastrophe » du pays (« hard landing ») est « improbable » et que « la volatilité financière ne constitue pas une menace» pour lui. Et pour établir cette démonstration – au moment même où le pays est au bord de la faillite – Richard Portes incrimine pêle-mêle les rumeurs incontrôlées du marché, les analystes ou encore... le « mauvais journalisme » (« bad journalism ») qui veut « vendre du papier » en diffusant des informations à sensation !

Mais qui est ce Richard Portes ? Un économiste qui a beaucoup de liens avec la France, puisqu'il a un statut de chercheur associé à la prestigieuse École d'économie de

Paris (aussi dénommée Paris School of Economics – PSE). Richard Portes est également directeur d'études à la non moins prestigieuse École des hautes études en sciences sociales (EHESS).

Pourtant, de ce rapport calamiteux, il n'a presque pas été question dans la presse française. D'où cette nouvelle interrogation : est-ce parce que son cas est unique et que les économistes français se sont tenus à l'écart des compromissions avec le monde de la finance, à la différence de leurs homologues américains ? Les Frenchies auraient été plus vertueux que les Yankees ?

Cette question, je me la suis posée quand Jean-Claude Gawsewitch et le directeur de collection Gilles Bouley-Franchitti m'ont proposé d'écrire ce livre, dans sa première édition, parue en mars 2012. Ils venaient de publier le livre courageux de Pascal Boniface *Les Intellectuels faussaires* qui, malgré un boycott quasi général de la presse, avait, par le meilleur des plans de communication, celui du bouche-à-oreille, rencontré un fort succès d'audience, en décortiquant les impostures de quelques-uns des intellectuels français les plus connus parmi lesquels Bernard-Henri Lévy, Alexandre Adler ou encore Caroline Fourest. Mes éditeurs se demandaient si cette réflexion ne méritait pas d'être prolongée dans un domaine plus particulier, mais, ô combien important pour la vie publique, politique et intellectuelle, celui de l'économie.

D'emblée, ce projet m'a plu. Pour plusieurs raisons. D'abord, cela tient à mon expérience professionnelle. Tout au long de ces dernières années, je dois reconnaître que j'ai souvent étouffé dans les milieux que je côtoyais. J'étouffais parce que, par la force des choses, il fallait être libéral. C'était quasi obligé. Tous les journalistes économiques ou presque le sont devenus, au fil des ans. Avec ou sans nœud papillon. À partir du milieu des années 80, sous la droite comme sous la gauche, il est devenu quasi impossible à un journaliste de dire qu'il n'était pas un adepte du « moins d'État » ou du « moins d'impôt », au risque de passer pour un hérétique ou un dangereux révolutionnaire. Oser dire que l'on avait lu Keynes dans sa jeunesse est peu à peu devenu furieusement rétrograde. Quant à Marx, quelle abomination ! Évoquer au détour d'un article la Théorie générale de l'emploi, de l'intérêt et de la monnaie, passe encore, mais mentionner *Le Capital*, jamais ! C'est devenu un véritable tabou.

Ces années ont marqué le triomphe que l'on sait de la « pensée unique ». Au diable l'économie politique ! Au diable le débat public ! Dans ce grand mouvement de conversion libérale, les journalistes ont tous été sommés de penser pareil, et beaucoup d'entre eux ont, hélas, fait du zèle. Je me suis souvent dit, au cours de ces années, que je m'appliquerais un jour à comprendre la part de responsabilité des économistes, de certains d'entre eux, dans cette terrible anémie du débat public, en même temps que la responsabilité des journalistes. Ce livre m'a ainsi offert l'opportunité de réfléchir à cette question qui m'a si longtemps taraudé : pourquoi un petit cercle d'économistes, toujours les mêmes, dispose-t-il d'un quasi-monopole de l'expression dans les grands médias ? Quelle est la responsabilité de la presse dans cette situation malsaine ?

Si ce projet m'a séduit, cela tient également à une deuxième raison, qui est la nature même du capitalisme français. Au fil des années, j'ai acquis la conviction que la France disposait d'un capitalisme hybride sans doute unique en son genre. D'une part, il a copié les traits les plus sulfureux du capitalisme anglo-saxon. Stock-options, golden parachutes, retraites dites chapeau, etc. : sous les coups de boutoir des marchés financiers et de la montée en puissance des grands fonds d'investissement anglo-saxons à la Bourse de Paris, les patrons de nos grands groupes industriels ont découvert avec délectation depuis vingt ans qu'en servant bien leurs actionnaires, ils pouvaient eux-mêmes accumuler de formidables fortunes. Le vieux capitalisme français, qui a longtemps relevé du modèle rhénan – une économie de marché certes, mais adossée, comme en Allemagne, à un pacte social très fort –, a progressivement disparu au profit d'un nouveau capitalisme patrimonial, un capitalisme d'actionnaires, générant de nouvelles inégalités sociales, à l'instar de ces « travailleurs pauvres », ces tristement célèbres « working poors » importés aussi du modèle américain.

Mais je me suis aussi aperçu d'autre part, que si le capitalisme français faisait peau neuve, cette mutation n'était qu'imparfaite. Important bien des traits sulfureux du capitalisme anglo-saxon, il s'est en particulier gardé d'intégrer dans le même mouvement ses aspects plus vertueux, notamment la transparence. Le capitalisme français a donc pris tout ce qui pouvait enrichir spectaculairement les mandataires sociaux des grands groupes, mais il a conservé toute l'opacité qui les protège. Ainsi, tous les vieux travers du capitalisme « à la française » – ce capitalisme de l'ombre, ce « capitalisme de la barbichette » régi par le seul principe du « je te tiens, tu me tiens, on se rend des services mutuels »… – ont plus que jamais perduré. Et depuis 2007 et la présidence de Nicolas Sarkozy, ce système s'est encore aggravé. Affaire Tapie, affaire Pérol, affaire Wildenstein, affaire Bettencourt ou Takieddine : des scandales plus graves les uns que les autres, révélant un dangereux mélange des genres entre affaires privées et intérêt général, sur fond d'affairisme, de corruption voire de violation pure et simple des règles de l'État de droit se sont en effet succédé ces cinq dernières années. Et, si au début, on a pu croire qu'il s'agissait d'une vulgaire variante du capitalisme de connivence – appelons-le le capitalisme du Fouquet's – à la fin du quinquennat, il a pris de petits relents de capitalisme néopoutinien.

Or, j'ai très fréquemment eu le sentiment que certains économistes – pas tous, mais beaucoup trop – participaient de ce système malsain. J'ai souvent eu l'impression que certains avaient dans le débat public des positions académiques, mais qu'ils profitaient, dans les arrière-cuisines de ce capitalisme passablement corrompu, d'avantages ou de passe-droits, dont ils se gardaient bien de faire étalage. Au gré de mes enquêtes, j'ai d'ailleurs souvent eu la surprise de découvrir des économistes, ou supposés tels, profitant de prébendes que je ne soupçonnais pas. Des histoires de ce type, des histoires de conflit d'intérêts, j'en avais plein ma besace de journaliste économique, que je n'ai jamais eu l'occasion ni le temps de raconter. Au demeurant, raconter une micro-histoire n'avait pas grand sens. Mais quand ces histoires s'accumulent, elles finissent par faire système. Et elles autorisent une interpellation : quelle peut être l'indépendance de ces économistes, qui vivent à ce point des avantages d'un petit monde dont ils sont censés décrire mieux que d'autres le fonctionnement ou les errements ? Ont-ils les bonnes lunettes pour décrire le système économique, s'ils sont à ce point, pour certains d'entre eux, intéressés à la survie de ce système ? Ne portent-ils pas en vérité, volontairement, des verres déformants ? Et, dans ce cas, n'abusent-ils pas ceux qui ont confiance en eux ? Cela a évidemment été pour moi l'autre intérêt de me lancer dans cette enquête sur le petit microcosme des économistes : arriver à percer ce mystère.

Le projet m'a semblé utile encore pour une autre raison, plus politique celle-là : c'est que les économistes jouent naturellement un rôle-clef dans les coulisses du pouvoir. On l'a bien vu tout au long de la campagne présidentielle de 2012 : François Hollande, pour ne parler que de lui, a organisé à plusieurs reprises, les mois précédents le scrutin, des rencontres avec certains de ces experts, comme s'ils étaient un gage de la crédibilité de sa politique économique. Mais en vérité, comme le révèle ce livre, nombre de ces experts ont dans le passé, sans trop de scrupule, travaillé aussi, et parfois simultanément, pour le camp d'en face.

C'est dire si la « pensée unique » a fait des progrès stupéfiants : le monde de la finance a si bien réussi son OPA sur celui des économistes qu'il a désormais des agents traitants dans les deux camps, défendant perpétuellement les mêmes idées. C'est même pire encore : je suis en mesure de révéler que des économistes ont pu, sans le moindre état d'âme, conseiller simultanément (et secrètement) les deux grands partis : celui dont Nicolas Sarkozy a longtemps été le champion et celui de François Hollande. Pour leur « vendre » les mêmes idées.

Écrite à la veille de la présidentielle, cette enquête donne donc des clefs décisives pour comprendre les priorités, souvent étonnantes, que François Hollande a affichées sitôt élu. Car beaucoup des conseillers qu'il a choisis et qui l'entourent aujourd'hui à l'Élysée, beaucoup de ceux qui jouent les visiteurs du soir, font partie de ces économistes « essuie-glace », changeant de camp au gré des alternances, mais défendant perpétuellement les mêmes idées néolibérales, qui sont au cœur de mon enquête. Pour qui veut comprendre pourquoi, à peine élu, le nouveau président a choisi, au risque de prendre son électorat à rebrousse-poil, une politique d'austérité, pourquoi aussi il a renoncé à conduire « la révolution fiscale » promise, ou encore pourquoi il a renoncé à combattre la finance dont il se proclamait pourtant l'ennemi, cet ouvrage donne de nombreuses pistes d'explications.

Avec le recul, et puisque cet essai fait l'objet d'une nouvelle édition, dans un format de proche, je voudrais enfin souligner le dernier intérêt que j'y vois. C'est que cet ouvrage, avec d'autres travaux, a contribué, envers et contre tout, à faire bouger les lignes. Oh, certes, souvent de manière infime : avec la complicité de quelques journalistes, beaucoup de mes « Imposteurs » continuent de détenir un quasi-monopole de l'expression publique dans les grands médias. En bref, tout semble continuer comme avant. Mais enfin ! Le fait est incontestable : le débat sur l'indépendance est aujourd'hui lancé dans la communauté des économistes français. En faut-il des preuves, elles sont innombrables. Des organismes prestigieux, comme l'Observatoire français des conjonctures économiques (OFCE) ou l'École d'économie de Paris, se sont récemment dotés de charte de déontologie. Autrefois porté seulement par quelques associations courageuses, telle l'Association française d'économie politique présidée par André Orléan, ou quelques mouvements, comme celui des Atterrés, le combat pour l'indépendance des économistes et pour la défense du pluralisme a fait tache d'huile.

La réédition de cette enquête me semble donc d'autant plus salutaire. Si le monde est aujourd'hui dans l'ornière ; si les folies de la finance ont dévasté des pays entiers, jusqu'à l'Europe, et donc la France ; si un gouvernement de gauche prend aujourd'hui la lourde responsabilité de poursuivre une politique économique et sociale d'austérité, ce n'est sûrement pas la faute des économistes. Mais ils ont leur part de responsabilité.

Il y a urgence de comprendre laquelle.

1

La martingale de Marc Fiorentino

Le mieux, sans doute, pour commencer à pénétrer le petit milieu des économistes parisiens et en découvrir les us et coutumes, les qualités en même temps que les travers, c'est d'y avancer au hasard. Sans a priori ni préjugé.

Commençons ainsi par faire connaissance avec un premier économiste, ou en tout cas qui se prétend tel. Choisissons par exemple Marc Fiorentino ! S'il y a bien un économiste grand public, c'est lui. Comme on dit dans le jargon journalistique, le monsieur est un « bon client ». Enjoué, le verbe facile, parlant simplement, il a l'art et la manière de se faire comprendre par tous ceux que l'économie rebute. Alors que tant d'autres économistes, si hermétiques ou arrogants, possèdent le talent de faire fuir les auditeurs ou les téléspectateurs par leurs propos savants, lui sait rester didactique et intelligible en toute circonstance.

Résultat : tout le monde l'invite. Courant micros et caméras, abonné des plateaux de télévision, multipliant les entretiens dans la presse écrite, c'est un expert parmi les plus médiatiques. Il parle tellement, d'ailleurs, qu'on a du mal à le suivre. Cet homme-là donne parfois le tournis. Bien sûr, il ne prétend pas faire de l'ombre aux plus grandes pointures de la profession. Lui préfère le registre populaire et pédagogique. Et, comme il a indéniablement de la bouteille et du métier, au moindre petit frémissement de l'économie, à la plus petite controverse qui pointe le bout de son nez, aussitôt, Marc Fiorentino sort de sa boîte. Une vraie PME à lui tout seul !

Chaque jour, il tient ainsi une chronique sur BFM, la radio de l'économie – ou qui se prétend telle. « Marc Fiorentino, une vision décapante de la finance », proclame d'ailleurs fièrement le site Internet de la station, pour annoncer ce rendez-vous quotidien. C'est aussi un habitué de « C dans l'air », l'émission animée par Yves Calvi sur France 5. Il tient également chronique régulièrement sur de nombreux supports de la presse économique, et notamment dans *Challenges* et *La Tribune*, du temps où elle paraissait encore en kiosque.

Bref, Marc Fiorentino est l'un des experts qui comptent le plus en France quand il s'agit d'économie ou de finance. Un expert écouté. Sérieux autant que compétent. Démonstration : au cours de l'été 2011, la crise de la dette se creuse brutalement, et l'Europe est KO debout. Les marchés financiers spéculent sur une possible sortie de la Grèce de la zone euro. Les journalistes ne savent plus bien à quel saint se vouer. Ou du moins à quel expert économique. Si Athènes sort de l'Europe, les marchés ne vont-ils pas repartir à l'attaque contre les dettes souveraines du Portugal et de l'Espagne, mettant à genoux ces deux pays ? Dans un effet domino bien connu, l'Italie ne sera-t-elle pas à son tour touchée ? Puis la Belgique ? Et enfin la France ? Et surtout, toutes les grandes banques, notamment françaises, qui ont avec tant d'avidité spéculé contre les dettes de ces États ne vont-elles pas elles-mêmes se retrouver, de nouveau, au bord du précipice ? Pour les sauver, ne faudra-t-il pas, comme en 2008, leur apporter de l'argent, voire même les nationaliser, au moins partiellement ou provisoirement ? Cette grave actualité soulève soudain tant et tant de questions plus dramatiques les unes que les autres que la presse – du moins, une certaine presse – a besoin d'urgence de se livrer à son sport préféré : le recours miraculeux à l'expert ! Et qui est l'un des meilleurs dans ce rôle ? Évidemment Marc Fiorentino. Alors, dix fois, cent fois, il va répéter les mêmes phrases, presque les mêmes mots. Et des jours durant, les médias en redemandent, lui posant inlassablement les mêmes questions et recevant invariablement en retour les mêmes réponses.

« Il faut nationaliser les banques pendant trois ou quatre ans », professe ainsi Marc Fiorentino, le 18 août 2011, dans *Le Nouvel Observateur*, à l'occasion d'un entretien. « Est-ce que l'on va vers le krach ? », lui demande Dominique Nora, l'une des journalistes économiques les plus réputés de l'hebdomadaire. Réponse en forme d'analyse géostratégique à couper le souffle de notre expert : « La situation n'a rien d'étonnant. Ce qui est plus surprenant – et même alarmant –, c'est que les responsables politiques américains et européens ne comprennent rien au message des marchés. Et s'ils continuent à se contenter de rafistolages, la baisse va s'accélérer, et on finira dans le mur ! » Le présentant implicitement à ses lecteurs comme un spécialiste compétent, la journaliste le relance : « Si on restructure les dettes publiques, on plombe les banques qui les détiennent. Et on se retrouve comme après la faillite de Lehman, avec une paralysie complète du marché du crédit… » Réponse de l'intéressé : « Justement, ce qui est incroyable, c'est que les dirigeants du G20, après avoir raté l'occasion de réformer le système en 2008, sont en train de recommencer. » Et cela se poursuit ainsi, longtemps…

En lui accordant ainsi un long, très long, entretien, n'est-ce pas faire beaucoup d'honneur à un expert qui, en vérité, n'est quand même que de second rang ? *Le Nouvel Obs* ne se pose pas la question. Pas plus que les autres médias, qui vont courir derrière l'hebdomadaire, pour reproduire exactement le même entretien.

Le 10 septembre suivant, Marc Fiorentino prend ainsi la parole dans *Le Journal du dimanche* et se prononce pour une intervention radicale de l'État vis-à-vis des banques : « Elle doit prendre la forme d'une participation de l'État au capital des banques françaises de l'ordre de 30 % », professe-t-il. Avant de pointer un doigt accusateur contre ces mêmes banques : « Elles nous ont menti en 2008 et nous ne savons pas aujourd'hui si elles cachent d'autres bombes toxiques dans leurs bilans. » Deux jours plus tard, le 12 septembre, dans *La Tribune*, *bis repetita* : « On finit par se demander si le sort de l'État, donc des contribuables, et des banques étant tellement lié, on ne ferait pas mieux de sauter le pas et de nationaliser les banques pendant trois ou quatre ans le temps de détruire une fois pour toutes leurs stocks d'armes de destruction massive et de les reconcentrer sur leur rôle de financement de l'économie. » Et le même jour, *Le Figaro* exhume l'entretien au *JDD* et cite Marc Fiorentino : « Les banques nous ont menti en 2008 et cachent sans doute encore des produits toxiques dans leurs bilans. » Et ce n'est pas fini !

Le lendemain, 13 septembre, dans un entretien à *France-Soir*, le même Fiorentino déclare : « Il faut obliger les banques à faire leur métier une bonne fois pour toutes, sans que ce soit négociable. À échéance rapide, je milite pour qu'on les nationalise partiellement à hauteur de 30 %, pendant trois ou quatre ans. » Le même jour, dans *Le Parisien*, il prend également la parole pour expliquer comment éviter la catastrophe : « En recapitalisant, voire en nationalisant partiellement les banques et en mettant en place une Europe à deux vitesses, une zone euro fort et une zone euro dévalué. »

Cela a beau être lassant, cela continue le 14 septembre. D'abord sur le site Internet de *Marianne* : « Les banques européennes, et françaises en particulier, ont un besoin cruel de fonds propres [...] Résultat : quelqu'un doit mettre de l'argent, et ce quelqu'un ce ne peut être que l'État », énonce ainsi doctement Marc Fiorentino. « Ce serait un bon investissement pour l'État et même une nécessité financière », poursuit-il le même jour dans *Le Figaro*. Pour finir, même le site *Rue89* s'y met : consacrant un sujet au débat, il cite Marc Fiorentino sur BFM : « Si je puis me permettre, ce serait un très bon coup financier, à partir du moment où, lorsque l'État rentre dans les banques, la question de la sécurité ne se posera plus. »

Du Marc Fiorentino, jour après jour, repris en boucle par un nombre incalculable de médias. Jusqu'à l'agacement, jusqu'au mal de tête...

Mais qui est donc ce Marc Fiorentino dont ces médias, sans trop de scrupules, sans doute plus par mimétisme que par franche connivence, ont fait une vedette ? Quels sont ses titres de gloire et ses qualités pour que tout le monde veuille nous le « vendre » à tout bout de champ ? Alors que tant de jeunes chercheurs talentueux et modestes – mais qui, il est vrai, à la différence de Marc Fiorentino, ne revendiquent pas l'étiquette d'« ultralibéral » – restent dans l'ombre, pourquoi peut-il, lui, exercer cet impressionnant magistère de la parole ? Il faut bien se poser la question tant sur la véritable identité de Marc Fiorentino que sur les invraisemblables appuis dont il bénéficie dans un aussi grand nombre de médias. Car cet emballement nous révèle certains aspects du microcosme des économistes parisiens, tout comme il dévoile certaines des dérives de la presse.

En réalité, la presse assure la formidable promotion d'un expert autoproclamé, sans trop se soucier de savoir qui il est. Surtout par paresse. Parce que, dans cette forme de radio *low cost* qu'est BFM, l'important, c'est la parlotte beaucoup plus que la pertinence ou l'intelligence ; parce que ce qui compte, c'est surtout le flux et beaucoup moins le contenu. Parce qu'en matière de presse ou d'information économique, la reproduction est la règle. C'est le règne de l'info « googlisée » qui circule, toujours la même, dupliquée à perte de vue…

Il y aurait pourtant beaucoup de choses à dire sur ce Marc Fiorentino. Des éléments qui montrent notamment une facette bien différente du personnage, bien moins avenante que cette image qu'il aime à donner de lui-même ou que les médias présentent complaisamment de lui. Qui est vraiment cet homme qui a le front de mettre en cause les banques au motif qu'« elles nous ont menti » ? Qui est ce procureur médiatique ? Est-il digne de confiance ?

Il n'est, en vérité, pas très difficile d'en juger. Car il est arrivé à l'intéressé de tomber le masque et de montrer son vrai visage. Il y a par exemple l'un de ses derniers livres qui, en creux, nous raconte beaucoup de son auteur. Cet ouvrage, brutal, presque grossier, s'intitule *Sauvez votre argent ! Mon régime santé pour vos économies* (Robert Laffont, 2011). Ce livre, j'ai été invité un jour à le chroniquer. C'était aux premiers jours du mois de mars 2011. J'ai reçu à la rédaction de *Mediapart* un appel d'une collaboratrice de Daniel Picouly qui animait alors tous les vendredis soir – la purge depuis est passée par là ! – une émission intitulée « Café Picouly ». Elle me proposait de dire devant une caméra ce que je pensais du livre en question.

Après quelques hésitations, j'ai accepté. Quelques jours plus tard, ayant lu le livre de la première à la dernière ligne – pauvre de moi ! –, je me suis prêté à l'exercice que l'on me demandait : face caméra, j'ai fait « comme si » je m'adressais à l'auteur pour lui faire part de mes critiques. Je lui ai dit que son ouvrage jouait sur un registre que je n'aimais guère, celui du populisme, évoquant notamment la France comme un « pays d'assistés ».

Le jour de la diffusion de l'émission, le vendredi 11 mars 2011, Marc Fiorentino a pu cliquer sur un ordinateur pour lancer une vidéo et écouter mes propos enregistrés à l'avance, afin d'y répondre point par point. Or, en regardant l'émission, j'ai eu une vilaine surprise : certains des propos que j'avais tenus, mes constats les plus graves quant au registre de l'ouvrage, avaient été écartés au montage. France 5 avait choisi de ne retenir que mes critiques les plus légères, éliminant de fait la critique la plus importante.

Lors de l'enregistrement, j'avais en effet souligné que Marc Fiorentino n'était pas un expert parmi d'autres, mais qu'il était juge et partie, puisqu'il préside une société de Bourse, dénommée Euroland Finance. Surtout, j'avais révélé que cette société avait fait l'objet le 8 janvier 2009 d'une sanction lourde de la part de l'Autorité des marchés financiers (AMF), contre laquelle un recours avait été formé. Brandissant la délibération de l'AMF, j'expliquais ainsi que Marc Fiorentino était perpétuellement en conflit d'intérêts et donc très mal placé pour donner des conseils de placement désintéressés à ses lecteurs ; et qu'il était d'autant plus mal placé que sa société venait de faire l'objet de cette sanction. C'est tout ce passage, évidemment le plus important, qui avait disparu. Les téléspectateurs n'avaient rien à savoir des démêlées de Marc Fiorentino avec l'AMF !

À l'époque, j'ai téléphoné à Daniel Picouly pour lui dire mon étonnement. Avec beaucoup de franchise, mon interlocuteur m'a appris que cette partie de mon propos l'avait intéressé mais que la rédaction en chef lui avait demandé de supprimer ce passage. Motif : on ne parle que des décisions de justice définitives. Sur le moment, j'ai cru à une blague. Imagine-t-on dans le cas des affaires Takieddine, Tapie, Wildenstein ou Bettencourt que cette même règle soit appliquée dans les émissions ou les journaux télévisés du service public ? On ne parle pas de ces affaires tant qu'elles n'ont pas été jugées. Pas plus en première instance qu'en appel ! En attendant la cassation et le jugement définitif... silence ! Et comme dans ce pays la justice est en partie asservie et le parquet aux ordres, si toutes ces affaires ne débouchent pas sur un procès, les citoyens n'en sauront jamais rien.

Le législateur a délibérément conféré à l'AMF un pouvoir de sanction pécuniaire, mais il lui a aussi donné le droit d'organiser la publicité de ces sanctions, sachant que cette seconde peine a souvent bien plus d'effet pour un établissement financier que la première. Mais, pour la direction de France 5, qu'importe ! Motus et bouche cousue.

Sur le coup, j'ai été passablement indigné. J'ai expliqué à Daniel Picouly le fond de ma pensée : cet ordre dont je ne savais pas bien d'où il venait – de la direction de France 5 ou de celle de France Télévisions ? – contrevenait à toutes les règles de notre métier. Et en tout cas, à ma conception de ce métier ainsi qu'au droit à l'information des téléspectateurs. Évidemment, l'émission étant déjà diffusée, mon agacement n'avait pas de réel enjeu. Marc Fiorentino avait pu dispenser ses petits conseils de placement devant des centaines de milliers de téléspectateurs, sans trop être dérangé. Sur France 5, ce soir-là, on a beaucoup parlé argent. Mais, hélas, ni de règle ni d'éthique…

Et pourtant… J'ai découvert un peu plus tard que Marc Fiorentino n'avait pas fait l'objet d'une mais de… trois sanctions de l'AMF. C'est un expert, mais un expert… en infraction, en quelque sorte. Pourtant, quand ils l'invitent à prendre la parole, les médias, allez savoir pourquoi, ne jugent jamais utile d'en faire mention. Les petits secrets de Marc Fiorentino sont bien gardés.

Pour lui, le couperet est pourtant tombé une première fois le 28 février 2008. Ce jour-là, la Commission des sanctions de l'AMF, qui comprend notamment des magistrats de la Cour de cassation, du Conseil d'État et de la Cour des comptes, a prononcé à l'encontre de Marc Fiorentino un avertissement et une sanction pécuniaire de 50 000 euros et à l'encontre de la société qu'il préside, la société Euroland, un avertissement et une sanction pécuniaire de 100 000 euros. Dans son communiqué, l'AMF soulignait la gravité des faits : « On notera que cette décision, outre qu'elle se prononce sur divers griefs relatifs à l'obligation d'information du public et à des opérations d'initié, sanctionne l'entreprise d'investissement Euroland Finance et son dirigeant, tout d'abord, pour n'avoir pas pu justifier de la réception d'un ordre de vente de titres, ensuite, pour avoir agi contre l'intérêt d'un de ses clients, enfin, pour avoir exercé sans agrément une activité de placement. » Cette sanction a fait l'objet d'un recours devant le Conseil d'État qui l'a rejeté par une décision en date du 28 mars 2011. La sanction est donc devenue définitive.

Le couperet est tombé une deuxième fois le 3 avril 2008. Ce jour-là, la Commission des sanctions a prononcé à l'encontre de la société Euroland Finance une sanction pécuniaire de 100 000 euros. La sanction prévoyait également que celle-ci fasse l'objet d'une publication au *Bulletin des annonces légales obligatoires* ainsi que sur le site Internet et dans la revue de l'AMF. Là encore, les faits incriminés sont graves. Le communiqué de l'AMF les détaille. Dans le cadre d'une opération financière, il est reproché « à la société Euroland Finance, représentée par son président-directeur général, M. Marc Fiorentino, d'avoir manqué à son obligation de prévention des conflits d'intérêts » et « à son obligation professionnelle d'enregistrement et de conservation de bandes téléphoniques en ne procédant pas à l'enregistrement des conversations téléphoniques de ses négociateurs du 30 août au 15 septembre 2005 puis du 3 au 18 octobre 2005 ». Cette sanction a également fait l'objet d'un recours devant le Conseil d'État qui l'a rejeté par une décision en date du 20 mai 2011. La sanction est également devenue définitive.

Pour finir, le couperet est tombé une troisième fois, le 28 janvier 2009 – c'est cette sanction que j'avais évoquée lors de l'émission sur France 5. Ce jour-là, la Commission des sanctions de l'AMF a prononcé à l'encontre de la société Euroland Finance, entreprise d'investissement, un avertissement ainsi qu'une sanction pécuniaire de 50 000 euros. « La Commission des sanctions a retenu les deux griefs notifiés à la société Euroland Finance tirés, en premier lieu, de la diffusion d'une analyse financière qui ne présentait pas les relations et les circonstances dont on peut raisonnablement penser qu'elles sont de nature à porter atteinte à son objectivité et, en second lieu, à la porosité de la muraille de Chine tenant, d'une part, à l'absence de séparation entre les fonctions relevant de l'analyse financière et celles relevant du corporate finance – département en charge des opérations de conseil en fusions et acquisitions et des activités de “marché primaire actions” – et, d'autre part, aux conditions dans lesquelles un analyste de la société Euroland Finance avait reçu une information confidentielle », explique ainsi l'AMF. Cette sanction a fait l'objet d'un recours devant le Conseil d'État.

Pour conclure, précisons que Marc Fiorentino avait déjà eu affaire à l'AMF en d'autres circonstances. On découvre en effet ceci sur le site Internet du gendarme des marchés : « Par deux ordonnances du 8 février

2011, le délégué du premier président de la cour d'appel de Paris a déclaré irrecevables deux autres recours formés par M. Marc Fiorentino et la société Euroland Finance qui portaient, l'un, sur l'ordonnance rendue le 8 septembre 2005 par le président du tribunal de grande instance de Paris autorisant une visite domiciliaire dans les locaux et dépendances de la société Euroland, et l'autre, sur les conditions d'exécution de cette visite domiciliaire réalisée le 20 septembre 2005. »

Il faut dire les choses telles qu'elles sont : Marc Fiorentino, qui plastronne sur tous les plateaux, n'a aucune qualité pour parler d'économie, puisque son métier c'est la finance. Et, même en matière de placements, ses propos sont eux-mêmes tout sauf indépendants puisqu'il est de la partie et en a fait son petit business. Surtout, au lieu de lui dérouler le tapis rouge, la presse devrait mettre en garde les lecteurs et les avertir que Marc Fiorentino est un habitué de la Commission des sanctions de l'AMF. Un récidiviste, en quelque sorte.

Cette complaisance à son égard de la part des journalistes est évidemment consternante et elle nous éclaire sur les mœurs professionnelles en vigueur dans certains médias. Mais pour Marc Fiorentino, c'est tout bénef ! Sa martingale magique peut se résumer ainsi : plus la presse l'invite, plus ses livres se vendent, plus Euroland Finance prospère, et… plus il gagne encore de l'argent. Elle n'est pas belle, la vie ?

2

Docteur Olivier et Mister Pastré

Abandonnons Marc Fiorentino pour chercher un économiste, un vrai. Tiens ! faisons, par exemple, connaissance avec Olivier Pastré.

Voilà un économiste respectable ! Son curriculum vitae parle d'ailleurs pour lui. En parcourant la biographie qu'il affiche sur son blog, on comprend vite qu'on a affaire à, comme on dit familièrement, une grosse pointure : « Masters of Arts in Economics (University of Rhode Island) et agrégé des Facultés de droit, Olivier Pastré, maître assistant puis professeur à l'université de Paris-XIII (1978-1983) – a été consultant auprès de l'OCDE et de la CEE (1979-1981) et a présidé un groupe de travail du Commissariat au Plan consacré à "l'internationalisation des intermédiaires financiers français" (1982) avant d'entrer à la direction du Trésor comme chargé de mission (1983) puis comme conseiller auprès du directeur (1984) chargé du dossier "Monétique". Dans ce cadre, il a représenté le ministre des Finances au cours des négociations qui ont conduit à la création du GIE Cartes Bancaires. En 1985, il s'est vu confier la réalisation d'un rapport pour le directeur du Trésor sur la modernisation des banques françaises.

Nommé doyen de la faculté des sciences économiques de l'université de Paris-VIII (1986), il a ensuite présidé un groupe de travail du Commissariat au Plan consacré au devenir du système financier français face à la concurrence internationale (1987). »

Chapeau bas ! En économie, Olivier Pastré est bardé de diplômes et dispose d'une formidable expérience. Et cela n'est pas tout, car l'intéressé est également doué d'une plume alerte, il a la parole facile et fait montre d'une activité éditoriale intense comme l'indique d'ailleurs la lecture de son blog : « Olivier Pastré a dirigé de 1979 à 1984 les collections économiques des éditions La Découverte (et créé, notamment, la collection Repères). Il a créé en 1987 et est aujourd'hui conseiller scientifique de la *Revue d'économie financière*. » Ajoutons qu'Olivier Pastré a lui-même signé un nombre impressionnant d'ouvrages qui lui ont valu une ribambelle de prix.

Du coup, lui aussi court micros et caméras, et multiplie les entretiens dans la presse dès que les turbulences de l'actualité économique nécessitent d'intelligentes analyses. Mais reconnaissons que lui, au moins, dispose des qualités pour ce genre d'exercice. D'incontestables qualités même qui lui ont valu d'être enrôlé par la plus noble des radios, France Culture, afin d'y tenir une chronique économique chaque matin à 7 h 15 et, depuis juin 2007, pour animer avec la journaliste Dominique Rousset, tous les samedis matin, l'émission « L'économie en question ». Quiconque l'écoute a tôt fait de reconnaître sa patte : Olivier Pastré ponctue presque chacun de ses constats d'un tonitruant : « C'est surréaliste ! »

Deux autres preuves témoignent de la compétence incontestable de notre économiste : la première, c'est qu'il siège au sein du Cercle des économistes, l'un des deux organismes qui, avec le Conseil d'analyse économique (CAE), rassemblent le gratin du gratin, les meilleurs des économistes français. Deux organismes un tantinet mondains et parisiens – j'y reviendrai –, dont les centres de gravité penchent assez nettement du côté de l'idéologie libérale et très peu pour ne pas dire pas du tout du côté des courants de pensée proches de la gauche ou de la gauche radicale – ce qui n'a pas toujours été le cas pour le CAE. Pour accéder au saint des saints, il faut donc bénéficier de la reconnaissance de ses pairs. La seconde preuve, c'est qu'Olivier Pastré est membre du Conseil scientifique de l'Autorité des marchés financiers (AMF). Et ce titre de gloire n'est évidemment pas des moindres. Car l'AMF, face aux marchés, a une double et exigeante mission, celle de les réguler mais aussi, le cas échéant, de les sanctionner. Les personnalités dont elles s'entourent sont nécessairement de premier plan. Au-dessus du lot et au-dessus de tout soupçon.

On l'aura compris, Olivier Pastré n'a pas beaucoup de points communs avec notre premier héros, Marc Fiorentino. Pas le moindre même. Les deux hommes ne jouent pas dans la même catégorie. Le premier est un authentique économiste, ce que le second n'est pas. L'un se tient à distance du monde des affaires, pour bien le décrire, alors que l'autre y barbote allégrement, sans la moindre gêne. Le premier aide l'AMF, qui fait office de gendarme des marchés, à définir le code de la route de la finance, tandis que le second a récolté plusieurs « PV » pour des infractions sifflées par ce même gendarme financier. Non, vraiment, pas de points communs. Quoique…

L'affaire est plus compliquée qu'il n'y paraît car l'honorable Olivier Pastré a aussi des « vies cachées ». Pas vraiment des vies secrètes, mais des vies dont il fait très peu de publicité. Il a lui aussi, comme on dit, ses petits business.

A-t-on ainsi entendu un jour Olivier Pastré parler de la société de gestion Viveris Management, sur un plateau de télévision ou lors d'une émission de radio ? À ma connaissance, non et c'est bien dommage. Cette société implantée à Marseille et qui rayonne dans les pays du Maghreb mériterait en effet qu'on s'intéresse davantage à elle. Comme toutes les sociétés de gestion de ce type qui ont prospéré en France depuis une petite dizaine d'années, Viveris Management a pour spécialité de fédérer des investisseurs – notamment ceux qui souhaitent profiter de systèmes de défiscalisation au titre de l'impôt de solidarité sur la fortune (ISF) –, afin qu'ils prennent le contrôle partiel ou total de PME pour rétrocéder ces actifs, quelques années plus tard, avec à la clef de juteuses plus-values. En sabir anglo-saxon, ce nouvel eldorado financier est connu sous le nom de « *private equity* ». Si les PME sont parfois exsangues à cause d'exigences de rentabilité insupportables, les investisseurs, eux, y gagnent des fortunes. Tout autant que ces fameuses sociétés de gestion qui, si elles font respecter les taux de rentabilité prévus, obtiennent habituellement 20 % de la plus-value, lors de la revente de l'entreprise – une plus-value connue dans le même jargon anglo-saxon sous le sobriquet de « *carried interest* ».

C'est donc dans l'une de ces sociétés de gestion qu'Olivier Pastré exerce aussi discrètement ses talents. Mais Viveris Management ne se borne pas à être très avide, comme le sont beaucoup de ses congénères. C'est également une société qui prend visiblement quelques libertés avec les règles édictées par… l'AMF.

En effet, selon un rapport provisoire du gendarme des marchés financiers, révélé le 7 août 2011 par *Mediapart*, cette société Viveris, à l'époque une sous-filiale de la banque BPCE (elle a depuis été cédée à la banque Arjil), a multiplié les entorses aux règles auxquelles les fonds d'investissement sont soumis. Daté du 6 décembre 2010 et signifié à la société le 20 janvier 2011, le prérapport de l'AMF « sur le contrôle du respect des obligations professionnelles de Viveris Management » commence par une « vue d'ensemble » qui est proprement ravageuse [1]. Un grief majeur parcourt l'ensemble de ce document : la société est accusée de prendre « des décisions de gestion » qui n'auraient pas « été motivées par la recherche de l'intérêt exclusif des porteurs et dénotent une gestion insuffisante des conflits d'intérêts ». C'est dit sur tous les tons : « Le respect par Viveris Management de ses engagements l'aurait ainsi conduit à ne pas privilégier l'intérêt exclusif des porteurs », peut-on lire dans l'introduction. Dans le monde de la finance, reprocher à une société de gestion de ne pas agir dans « l'intérêt exclusif » des investisseurs qui lui ont fait confiance est l'un des pires griefs qui soient.

1. La société visée n'avait alors pas encore fait valoir ses explications en défense.

Deux grandes opérations sont ensuite particulièrement étrillées. D'abord, le partenariat que la société Viveris Management a noué avec EDF Énergies Nouvelles pour investir dans des sociétés d'exploitation pour la production d'énergie photovoltaïque. À propos de ces investissements, le prérapport note que l'application du protocole avec EDF a « eu pour conséquence de mettre la société de gestion et ses fonds en situation de manquement par rapport à des obligations législatives et réglementaires essentielles ». L'autre décision de Viveris vivement critiquée concerne une opération pour apporter des financements à la société E2J2 – 1,5 million d'euros selon mes informations. Inconnue du grand public, en tout cas sous ce nom, cette société a notamment été créée par l'ex-directeur du *Monde* Jean-Marie Colombani et Jacques Attali – nous nous intéresserons bientôt à lui aussi –, afin d'être la société éditrice du site Internet Slate.fr, dont le premier est le président du directoire et le second président du conseil. Or, le rapport provisoire critique vivement cette opération, en faisant valoir qu'elle contrevient à de nombreuses dispositions du règlement de l'AMF ou du Code monétaire et financier. Et dans ce document, tout ou presque est à l'avenant : des conflits d'intérêts sont pointés ; le contrôle des transactions personnelles des cadres est considéré comme défaillant, etc.

Mais que fait donc l'honorable Olivier Pastré dans cette galère ? Même s'il n'est que membre du conseil de Viveris Management et qu'il n'a pas de fonction exécutive, la question ne peut être esquivée. Comment peut-il être membre du Conseil scientifique de l'AMF et en même temps siéger dans une société qui est épinglée par cette même AMF ? C'est à l'évidence un mélange qui fait mauvais genre. Un vrai conflit d'intérêts, comme ceux que le gendarme des marchés financiers prohibe. Ou en tout cas que l'éthique de la vie des affaires réprouve. D'autant plus qu'Olivier Pastré est, de surcroît, administrateur de la société… E2J2 ! La boucle est bouclée : notre économiste est partout à la fois.

Mais quelle est au juste la fonction de ce Conseil scientifique de l'AMF au sein duquel siège Olivier Pastré ? Lisons ce qui en est dit sur le site Internet de l'institution (c'est beau comme de l'antique !) : « Le Conseil scientifique de l'AMF est composé de 24 personnalités issues du monde académique et financier. Largement ouvert sur l'international, grâce à la présence de plusieurs chercheurs étrangers de renommée mondiale, le Conseil scientifique a une triple vocation : améliorer l'information du régulateur sur les réflexions académiques en cours dans le domaine financier ; identifier les évolutions susceptibles d'avoir un impact sur les champs d'activité de l'AMF ; initier des travaux de recherche en lien avec les préoccupations du régulateur. » Belle gymnastique donc pour Olivier Pastré : la théorie un jour dans ce club parisien très sélect ; et les travaux pratiques le lendemain en province au sein de Viveris…

En quelque sorte, c'est Docteur Olivier et Mister Pastré ! Tour à tour économiste distingué distillant des analyses sophistiquées pour France Culture, professeur d'université transmettant son savoir académique, il n'en a pas moins un pied dans la vie des affaires. Plus qu'un pied. Les deux, le plus souvent, car, pour dire vrai, Olivier Pastré a tellement d'activités annexes qu'on peine à toutes les recenser. Des activités en

France tellement nombreuses, qu'on ne peut pas ici les citer toutes : il est notamment administrateur de la Caisse des dépôts et consignations – sans que l'on sache très bien ce qu'il y fait, car il est resté singulièrement aphone dans tous les débats publics dont le bras financier de l'État a été l'objet ces derniers temps. Il est aussi membre du conseil d'administration de la banque du Crédit municipal de Paris – l'ancien Mont-de-Piété, aussi appelé familièrement « Ma tante », là où les pauvres, depuis Louis XIII, peuvent obtenir quelques sous en laissant leurs biens en gage.

On vous le dit : une vraie PME à lui tout seul, également, cet Olivier Pastré. Un cumulard hors norme même, car en dehors de l'Hexagone il exerce aussi une ribambelle d'activités à l'étranger, même s'il n'en fait pas toujours la plus large des publicités et si cela peut à l'occasion abuser les auditeurs de France Culture.

Un seul exemple, pour le moins cocasse : le 15 janvier 2011, France Culture diffuse comme chaque samedi l'émission « L'économie en question » dont Olivier Pastré est donc le chroniqueur permanent. Ce jour-là, trois autres économistes ont été conviés : l'essayiste multicarte Nicolas Baverez, le directeur des études économiques de la banque Natixis Patrick Artus et le directeur du département analyse et prévision de l'Observatoire français des conjonctures économiques (OFCE) Xavier Timbeau.

Une drôle d'émission en vérité, car elle a été enregistrée deux jours plus tôt, le jeudi. Et dans l'intervalle, l'histoire s'est brusquement accélérée : la veille de la diffusion de l'émission, le vendredi 14 janvier en fin de journée, le tyran Ben Ali a fui son pays, après vingt-trois ans de règne sans partage. À l'exception notable de

Xavier Timbeau, les économistes présents à l'antenne vont donc chanter les louanges d'une Tunisie qui déjà n'existe plus.

Ainsi, vantant les immenses mérites de l'Union pour la Méditerranée, grand combat de Nicolas Sarkozy pour organiser une coopération avec les dictateurs tunisien, égyptien ou syrien, Olivier Pastré fait valoir que la vraie porte de sortie pour la Tunisie tient d'abord dans cette perspective : « Intensifier les échanges. » Pas un seul instant, il n'évoque la question démocratique : la tyrannie qui s'exerce sur la Tunisie, les pillages que le clan Ben Ali fait subir au pays. Pas un mot non plus sur la situation sociale désespérée dans laquelle se trouve, du fait du chômage et de la précarité, la jeunesse tunisienne – qui sera au cœur du processus révolutionnaire. Pour lui, puisque « le modèle économique tunisien tient extraordinairement bien la route », un mot d'ordre et un seul : « Intensifier les échanges ».

Durant toute cette émission « surréaliste », comme dirait l'intéressé lui-même, les auditeurs de France Culture n'ont aucune raison de se douter que cet Olivier Pastré qui encense le modèle économique tunisien a une autre qualité que celle de professeur d'économie à Paris VIII. Et ils ont encore moins de raisons de soupçonner que celui-ci possède des intérêts sonnants et trébuchants en Tunisie, et que sa parole peut du même coup en être affectée. Au détour de l'aimable conversation, l'intéressé a juste glissé cette formule sibylline : « Il se trouve que je suis les pays du Maghreb depuis une vingtaine d'années. »

« Il se trouve... », la formule est délicieuse – ou plutôt indécente – quand on sait ce qu'il en est exactement : en Tunisie aussi, Olivier Pastré a de multiples activités. Lui-même n'en fait d'ailleurs pas mystère ; cela figure sans la moindre gêne dans son curriculum vitae publié sur son blog personnel : il n'est pas seulement économiste, administrateur de sociétés privées et publiques, essayiste, il est aussi… banquier. Banquier d'affaires, pour être précis. « Directeur général adjoint (jusqu'en janvier 1995) puis directeur général de GP Banque (rebaptisée SBFI à partir de 1999), seule banque d'affaires européenne à s'être spécialisée sur le Maghreb et le Machrek. » À ce titre, notre économiste a « dirigé une quarantaine de cadres répartis entre la France, le Maroc, l'Algérie et la Tunisie et a géré cinq fonds d'investissement », proclame fièrement son blog. Et de poursuivre : « Olivier Pastré est (ou a été) administrateur de Medifin et MSIN (Maroc), d'Union Bank (Algérie) et d'IM Bank (Tunisie). Il a été nommé directeur général d'IM Bank en 2000 et président en 2001. »

Et Olivier Pastré n'a jamais abandonné cette casquette de président de cette banque d'affaires tunisienne, International Maghreb Merchant Bank de son vrai nom, qui a piloté, de son propre aveu, « plus de 30 privatisations au Maghreb », soit en qualité de conseil des gouvernements soit en tant que conseil d'investisseurs privés. Privatisation, restructuration des entreprises, fusions-acquisitions : la banque d'affaires tunisienne dont Olivier Pastré est le président et qui a prospéré sous le régime Ben Ali a toutes les cordes à son arc. Elle est aussi le conseiller exclusif de la société italienne Finlombarda Gestioni qui gère le fonds d'investissement européen Euromed dédié aux cinq pays d'Afrique du Nord (Algérie, Maroc, Tunisie, Libye et Égypte) et doté d'une enveloppe de 50 millions d'euros.

Examinons encore plus précisément ce qu'est cette banque d'affaires, IM Bank, dont Olivier Pastré est le président (non exécutif) du conseil depuis de longues années. Créée en 1995, elle est en réalité une excroissance tunisienne du capitalisme de connivence à la française. L'un de ses fondateurs n'est en effet autre que Abderrahmane Hadj Nacer, un ancien gouverneur de la Banque centrale d'Algérie, qui a fait ses classes comme associé gérant à la banque Lazard, le temple du vieux capitalisme opaque français. Et parmi les actionnaires initiaux, avant qu'IM Bank ne soit revendue à un consortium local (HBC Holding), on trouvait notamment la Société marseillaise de crédit (SMC). Or, Olivier Pastré est le descendant d'une grande et richissime famille marseillaise, qui est à l'origine précisément de l'histoire de cette banque régionale. L'un de ses ancêtres, Jean-Baptiste Pastré, fut en effet le premier président de la Société marseillaise de crédit, lors de sa création, en 1865. Un siècle et demi plus tard, le rejeton de la famille – un héritier, comme il y en a tant dans l'histoire du capitalisme français – continue ainsi à gagner de l'argent, des deux côtés de la Méditerranée, et dans les mêmes réseaux d'affaires.

Tout au long des années 2000, les vrais patrons exécutifs d'IM Bank ont, eux, été parfaitement intégrés à Tunis, ou plutôt bien introduits pour barboter avec aisance dans le monde des affaires sous le régime de Ben Ali. Dans le lot des directeurs généraux de cette banque, on trouve ainsi Moncef Cheikh-Rouhou, qui est professeur à HEC Paris, mais aussi Abdelaziz Ben Bahri, un ex-directeur des financements au ministère des Finances. Son actuel directeur général par intérim, Kacem Bousnina, a longtemps arpenté les coulisses du pouvoir de Ben Ali puisqu'il a tour à tour été gouverneur de Sfax, gouverneur de Nabeul, gouverneur de Tunis et directeur général de la direction des collectivités locales, auprès du ministère de l'Intérieur. Un homme de l'ancien régime, en quelque sorte. Ce Kacem Bousnina a même fait encore mieux : en août 2010, il a été l'un des signataires d'un appel qui a fait beaucoup de bruit dans le pays. Connu sous le nom de « l'appel des 1 000 », celui-ci pressait en des termes pour le moins flagorneurs le tyran Ben Ali de se représenter pour un nouveau mandat présidentiel (le sixième) lors des élections normalement prévues en 2014. « La Tunisie a choisi, sous votre conduite, la voie de la réforme et de la modernisation et le défi aujourd'hui est de poursuivre sur cette voie, après que vous avez enrichi, d'un capital sans équivalent, notre expérience nationale en matière de changement social et de construction civilisationnelle, un capital qui vous a valu la confiance de votre peuple, et dont témoignent la prospérité de notre peuple et son bien-être, ainsi que le progrès du pays et son développement qui lui ont valu d'occuper les meilleures positions dans son environnement régional et international. » C'est donc avec des gens capables de signer un tel appel que notre économiste travaille.

En sa qualité de président de l'établissement bancaire, Olivier Pastré apporte l'indispensable vitrine de respectabilité. Pensez donc, une toute petite banque qui ne compte que treize salariés, mais qui a à sa tête un tel universitaire, à ce point réputé ! Quel sérieux ! Quelle garantie ! Un universitaire qui est en plus le chroniqueur économique de France Culture, la radio de l'intelligentsia parisienne…

Tout au long des années 2000, IM Bank a piloté les opérations de privatisation en Tunisie qui ont permis à notre économiste d'engranger de confortables honoraires. Avec le soutien du clan Ben Ali qui n'a eu de cesse de faire campagne sur le thème de la libéralisation de l'économie par les privatisations. Une mascarade publicitaire qui a permis à ces banques d'affaires d'engranger les dividendes.

De fait, IM Bank a été sur toutes les bonnes affaires. C'est elle qui a été retenue pour piloter la privatisation de la Société tunisienne de construction et de réparation mécaniques et navales (Socomena). Elle encore qui a supervisé la privatisation de la Société de fonderies et de mécanique (Sofomeca), une société métallurgique. Elle toujours qui a organisé la cession de l'Atelier mécanique du Sahel, une société de robinetterie. Elle enfin qui a été choisie pour conduire la privatisation, pour l'heure suspendue, de la Stip, une société de pneumatiques. Des petites opérations, si on les considère sous le prisme français, mais des affaires toujours très lucratives pour une banque d'affaires comme IM Bank.

Or, il faut bien comprendre que sous le régime de Ben Ali, aucune de ces opérations financières n'a pu voir le jour sans que son promoteur ne se perde en intrigues dans les coulisses du pouvoir, paie sa dîme à l'un des membres du clan du tyran pour les opérations les plus importantes voire que l'un d'entre eux n'hérite de la société privatisée. Et Olivier Pastré n'a jamais fait la moindre allusion à ce « petit business ». Avant la chute de Ben Ali, il s'est même fortement investi, entraînant avec lui une bonne partie du Cercle des économistes, le club chic des économistes parisiens, pour défendre l'Union pour la Méditerranée chère à Nicolas Sarkozy.

C'est par exemple le sens de cet « Appel de Tunis » lancé le 17 janvier 2009, dont il était l'un des signataires, aux côtés d'une brochette d'économistes français et de son ami Abderrahmane Hadj Nacer, l'ancien de la banque Lazard et de la Banque d'Algérie.

Ainsi, « il se trouve » qu'Olivier Pastré connaît la Tunisie pour des raisons bien particulières dont les auditeurs de France Culture… n'ont pu connaître ni les tenants ni les aboutissants. Car c'est un expert en « *private equity* » et en *deals* rémunérateurs, et ce des deux côtés de la Méditerranée. Et avant la chute de Ben Ali comme après…

Car, évidemment, expert en privatisation avant la chute du dictateur, il a tout fait pour le rester après. Il a ainsi tenu à se faire remarquer comme étant l'un des signataires d'une autre pétition qui a fait quelque bruit dans les milieux financiers français après la chute du dictateur. Son titre : « Investir dans la démocratie ».

Un double jeu qu'illustre si bien la sentence immortelle de Tancredi, le neveu du prince de Salina, dans *Le Guépard* de Lampedusa : « Il faut que tout change pour que rien ne change. » Hier, Olivier Pastré lançait des pétitions pour que l'on investisse dans la Tunisie de Ben Ali ; aujourd'hui, il en lance de nouvelles pour que l'on investisse dans la nouvelle Tunisie, sans Ben Ali.

Du moment que sa petite banque continue de faire de bonnes affaires…

3

Les liaisons dangereuses

Au point où nous en sommes de notre plongée dans les eaux troubles du monde des économistes parisiens, peut-être faut-il que nous respections un premier palier. Pour réfléchir. Pour tenter de s'orienter. Et pour ensuite continuer à progresser dans ce petit marigot. Essayons de mesurer si Marc Fiorentino et Olivier Pastré sont des cas à part ou s'ils sont révélateurs de pratiques répandues dans le petit monde des économistes.

En vérité, l'exercice n'a rien de très ardu. Car il existe deux grands cénacles parisiens qui rassemblent les économistes les plus connus. Entendons-nous : on ne parle pas forcément des plus « savants » mais de ceux qui profitent d'un quasi-monopole de l'expression publique dans les médias. De même, il ne s'agit pas nécessairement des plus compétents mais de ceux qui savent le mieux communiquer, de ceux qui ont su tisser avec les journalistes des liens d'entente, sinon de connivence. Ces « stars » se retrouvent donc au sein du Cercle des économistes, qui est présidé par Jean-Hervé Lorenzi et regroupe une trentaine d'économistes ; et/ou au Conseil d'analyse économique (CAE), qui avait été créé par Lionel Jospin en 1997 et regroupe également une trentaine d'économistes – en partie les mêmes – qui ont pour mission de faire des études économiques pour éclairer le Premier ministre.

Or, si l'on conduit une enquête sur ce panel assez représentatif des économistes parisiens, on a tôt fait d'être fixé. Car Olivier Pastré, qui est membre du Cercle des économistes, ne fait ni plus ni moins la même chose qu'une bonne moitié de cette docte assemblée : participation à des conseils d'administration, prestations rémunérées devant des auditoires d'entreprises – des « ménages », comme on dit dans le jargon des journalistes. Côté cour, beaucoup de ces économistes jouent les universitaires détenteurs d'un savoir qui se veut indépendant ; mais côté jardin ils entretiennent plus ou moins discrètement des liens de consanguinité avec des groupes financiers ou industriels, ce qui pose quelques questions quant à la liberté de leur démarche intellectuelle. En France, tout se passe exactement comme aux États-Unis. Comme dans *Inside Job*…

C'est un professeur à l'université de Lille, Jean Gadrey, par ailleurs figure connue du mouvement altermondialiste Attac, qui a donné en septembre 2009 sur son blog hébergé par *Alternatives économiques* un méchant coup de pied dans cette fourmilière. Sous le titre pertinent « Les liaisons dangereuses » – si pertinent que je le lui emprunte en en-tête de ce chapitre –, il a tenté de dresser l'inventaire des positions innombrables dans la vie des affaires détenues par le président du Cercle des économistes Jean-Hervé Lorenzi et par celui du CAE Christian de Boissieu.

« Si […] vous avez des gens qui passent leur temps, contre rémunérations substantielles, dans les conseils d'administration, de surveillance ou scientifiques des banques et des grandes entreprises, comment les valeurs embarquées dans leurs analyses pourraient-elles ne pas être affectées ? », s'indignait notamment Jean Gadrey dans son billet. L'universitaire poursuivait sa charge féroce en relevant que quelques mois auparavant, dans un entretien au *Journal du Net*, Jean-Hervé Lorenzi avait fait cette confidence : « Comme tout le monde, en vieillissant, j'ai amolli mes positions, mais j'ai conservé ma structure et mes convictions. » Un aveu qui permettait à Jean Gadrey de planter son ultime banderille : « Par amollissement, il évoque sans nul doute son glissement vers des idées beaucoup plus libérales, au sens économique du terme. Or, chantait Brassens, "Le temps ne fait rien à l'affaire", sauf si, avec les années, on s'insère avec délices dans la petite sphère de la ploutocratie d'affaires, de loin le principal lobby libéral. Alors, le "ramollissement" guette. »

Crime de lèse-majesté ! À l'époque, cette chronique a déclenché une tempête dans le microcosme des économistes parisiens. Les deux célèbres économistes ont riposté en publiant leurs mises au point sur le blog de Jean Gadrey. Celle de Christian de Boissieu était à la fois aimable et embarrassée. « Est-ce servir ce débat que de multiplier les procès d'intention, les amalgames et les attaques personnelles ? » faisait-il d'abord remarquer, avant d'ajouter : « Comme vous l'avez noté, je fais beaucoup de choses, sans que ceci ne m'ait jamais lié en quoi que ce soit. Mais cette diversité conforte, je le crois, mon expérience d'économiste et m'aide à conserver mon indépendance d'esprit et de parole. » Plus loin, il ajoutait : « Un certain nombre de fonctions auxquelles vous faites référence ne sont pas rémunérées. Pour le reste, je suis comme tout un chacun et comme vous, j'imagine, rémunéré en fonction du travail et de l'expertise fournis. » Jean Gadrey avait donc fait mouche, au moins partiellement, et Christian de Boissieu tentait de se défendre mais… à reculons.

La réponse de Jean-Hervé Lorenzi était, elle, beaucoup plus acrimonieuse : « S'il s'agit d'attaques *ad hominem*, sachez que j'ai été, je suis et je demeurerai un homme libre de ses actions, qu'il s'agisse du domaine professionnel ou personnel […] Ni Christian de Boissieu ni moi-même ne pouvons être suspectés d'être influencés par les multiples activités que nous avons, l'un et l'autre. Je suis très fier et très heureux de celles que j'ai eues hier et que j'ai aujourd'hui. Elles sont l'expression d'une grande curiosité d'esprit et pourraient même être le signe d'une certaine vitalité… que, j'espère, j'aurai demain. »

Sa mise au point se terminait par cette mise en cause insultante : « En conclusion, j'espère que votre texte sera bien le dernier du genre car il a le triste goût de ces écrits des années 30. Comme chacun sait, chaque crise a des relents bien nauséabonds. » Si Jean-Hervé Lorenzi n'avait pas qualifié Jean Gadrey de fasciste, c'était tout comme.

Mais est-il si inconvenant de demander à un économiste « d'où » il parle, sans recevoir un crachat ? Est-il intolérable de lui demander des preuves de son indépendance, sans recevoir en retour une bordée d'injures ? S'il m'est permis un instant de faire une parenthèse, je dois dire que le journaliste que je suis est particulièrement sensible à ces questions. Car, à *Mediapart*, nous avons, nous aussi, été la cible de telles insultes. Conduisant nos enquêtes, celles sur l'affaire Bettencourt notamment, nous avons eu droit de la part des dirigeants de l'UMP à des injures du même ordre : « fascistes », « presse des années 30 ». Insultes, au demeurant, qui n'ont pas trompé grand monde. Il s'agissait pour ces dirigeants de l'UMP d'esquiver le débat de fond sur ce que révélait cette affaire : les présomptions de fraude fiscale massive, de financement illégal ; la consanguinité organisée entre les puissances d'argent et un clan autour de Nicolas Sarkozy.

Or, dans le cas des économistes, l'enjeu est de même nature : l'injure ou l'insulte ne peuvent qu'obscurcir un débat qui est évidemment légitime. Pourquoi un économiste digne de son nom refuserait-il une interpellation sur son indépendance, et sur l'honnêteté du propos public qu'il tient ? Alors que la planète traverse une crise historique, pourquoi les économistes refuseraient-ils ce type de questionnement ? Dans le chaos de cette crise financière, il est normal que l'opinion leur demande, à eux aussi, des comptes : ce monde qui s'écroule, ce monde fou de la finance dérégulée qui a fait des ravages tout autour de la planète, y êtes-vous liés ou intéressés d'une quelconque façon ? Vos préconisations sont-elles entachées d'un quelconque lien de dépendance ?

Mais reprenons le travail de Jean Gadrey, en l'actualisant et en le complétant. Cherchons notamment à vérifier les fonctions nombreuses, officielles ou officieuses, publiques ou secrètes, qu'occupent les membres du Cercle des économistes et ceux du CAE et pas seulement leurs deux présidents. Pour comprendre…

D'abord, un premier constat s'impose : plusieurs économistes membres de l'un ou l'autre de ces deux clubs parisiens n'ont visiblement pas d'autres activités que celles apparaissant sur leur curriculum vitae. Économistes ils disent être, économistes ils sont, et rien d'autre que cela. C'est du moins la conclusion à laquelle j'ai abouti au terme de mon enquête. Peut-être certains détails m'ont-ils échappé ; sans doute mon tableau d'ensemble peut-il mériter quelques retouches modestes. Mais je pense que ce diagnostic général est correct : une bonne moitié de ces économistes n'émargent nulle part et ne sont donc d'aucune manière concernés par ce débat sur des liaisons éventuellement dangereuses. Parmi eux citons notamment – et cette liste est loin d'être exhaustive : Agnès Bénassy-Quéré (Polytechnique), Pierre Cahuc (Polytechnique), André Cartapanis (Institut d'études politiques d'Aix-en-Provence), Jean-Michel Charpin (inspecteur des Finances), Lionel Fontagné (École d'économie de Paris), Pierre Jacquet (École des Ponts), Jean-Dominique Lafay (Paris-I), Anne Perrot (Autorité de la concurrence)…

Mais, à côté de ceux-là, on constate aussi que de très nombreux autres membres de ces cercles entretiennent des liens étroits avec des groupes financiers ou industriels. Il y a d'abord le cas à part des économistes de banque sur lesquels il nous faudra bientôt nous arrêter. Mais il y a surtout pléthore d'économistes, travaillant ou non dans une banque, qui ont des relations de forte proximité avec des entreprises très importantes.

Passons sur le cas d'Olivier Pastré déjà évoqué et commençons à nous intéresser à Laurence Boone, qui est membre du Cercle des économistes. Chef économiste chez Merrill Lynch, professeur à l'École normale supérieure de Cachan, c'est une belle intelligence qui a choisi de se mettre au service du groupe Pinault-Printemps-Redoute, propriété du milliardaire François Pinault et de son fils, François-Henri. Elle a fait son entrée au sein du conseil le 19 mai 2010, accédant ainsi à l'un des lieux les plus symboliques du capitalisme opaque parisien, aux côtés du patron de BNP Paribas Baudoin Prot ou encore de Patricia Barbizet, la fondée de pouvoir de François Pinault. C'est peu dire que pour siéger dans pareille instance il ne faut être ni rebelle ni protestataire. Il ne faut pas non plus être économiste hétérodoxe, néokeynésien ou régulationniste. Non, il faut en économie chanter les louanges de la « mondialisation heureuse » et être politiquement du bon côté. En clair, il faut être du côté des plus riches et être adoubé par l'oligarchie économique et financière.

Poursuivons avec un autre exemple et non des moindres : Élie Cohen, l'un des économistes les plus médiatiques, que l'on voit perpétuellement sur tous les plateaux de télévision. Lorsque l'on visite son blog, on ne trouve trace que d'une impressionnante carrière d'enseignant et de chercheur. Il est (ou a été) professeur d'économie à Sciences Po Paris, à Ulm, à l'ENA ou encore à Harvard. Membre du CAE, il a par ailleurs produit un nombre d'études et d'ouvrages à couper le souffle. Mais nulle mention de la moindre activité privée. Motus et bouche cousue ! Il faut chercher pour trouver… qu'Élie Cohen perçoit vraisemblablement beaucoup plus d'argent du privé que de l'université. L'universitaire est en effet administrateur, membre du comité d'audit et membre du comité stratégique du groupe Pages Jaunes qui, après sa privatisation, est tombé dans le giron d'une société dénommée Médiannuaire, qui est elle-même la propriété de deux acteurs très connus de la finance américaine : d'abord l'un des plus importants fonds d'investissement du monde, Kohlberg, Kravis, Roberts, plus connu sous le sigle de « KKR » ; ensuite Goldman Sachs Capital Partners, la célèbre banque d'affaires américaine. Jouissant d'une sulfureuse réputation, KKR, qui a longtemps affiché des taux de rentabilité insolents pour ses investissements, frôlant parfois les 30 % l'an, fait ainsi souvent ses emplettes en France, et s'est en particulier allié à Wendel (le groupe du baron Seillière) pour faire un juteux aller et retour dans Legrand, le leader mondial de l'équipement électrique dont le siège est à Limoges. En somme, Élie Cohen peut en connaissance de cause expliquer au journaliste de France 2 Yves Calvi, qui le convie très fréquemment, les méfaits de la finance américaine puisque dans Pages Jaunes il en côtoie quelques-uns des plus beaux fleurons. Pour cela, il a touché 41 212 euros en jetons de présence pour l'année 2010.

Avec Pierre Richard, l'ancien patron de Dexia à l'origine du naufrage de la banque, Élie Cohen est par ailleurs l'un des deux administrateurs dits indépendants de la société EDF Énergies nouvelles, qui a été introduite en Bourse en 2006 par son actionnaire EDF, avant d'en être retirée en 2011. L'économiste est également président du comité de la stratégie et membre du comité d'audit et des risques. Ce qui lui procure de nouveaux jetons de présence : 40 000 euros de plus pour la seule année 2010. Et ce n'est pas tout ! Notre économiste est encore membre du conseil de surveillance et membre du comité stratégique de groupe Steria, une très importante société spécialisée dans les services informatiques, dont il détenait 5 540 actions fin 2010. Et hop ! 26 000 euros de plus en jetons de présence pendant la même année 2010.

Au total, Élie Cohen a perçu – si je n'ai rien omis – presque 110 000 euros seulement en jetons de présence. Soit le double de ce que gagne un professeur d'université en fin de carrière. On peut dire les choses plus méchamment : c'est le monde de la finance et le monde des affaires qui le font vivre. Et pour lui le constat est encore plus accablant car, comme nous le verrons plus loin, la loi interdit normalement à un professeur d'université de siéger au conseil d'administration d'une entreprise privée.

Concernant les pratiques mercantiles des économistes membres de ces deux cercles, on peut encore allonger la liste à perte de vue : avec l'économiste Patrick Artus (directeur de la recherche et des études de la banque Natixis), qui siège au conseil du groupe Total ; avec Bertrand Jacquillat (professeur à Sciences Po) qui est lui aussi administrateur de Total, mais aussi de Klépierre (une société d'investissement immobilier) ou encore des Presses Universitaires de France, et qui dans le passé a eu des activités de conseil pour la Banque Rothschild, pour Arthur Andersen, JP Morgan ou encore Lafarge Coppée ; avec l'économiste Jacques Mistral, l'ex-économiste rocardien, qui a longtemps travaillé au sein du géant de l'assurance Axa, et qui émarge toujours au conseil de BNP Paribas Cardif, le pôle assurance de la banque éponyme ; avec Dominique Roux, qui est président de Bolloré Télécom ; avec Christian Saint-Étienne (Conservatoire national des arts et métiers) qui émarge au conseil d'administration de Cofiroute, le géant français de la concession autoroutière ; avec encore Jean Pisani-Ferry qui anime Bruegel, un « think tank » bruxellois, à mi-chemin entre le club de réflexion et l'officine de lobbying, qui a pour membres une cascade de groupes industriels et financiers (Ernst & Young, Goldman Sachs, Pfizer, Google, Microsoft, Samsung, Areva, France Télécom) ; lesquels groupes sont représentés au conseil (Goldman Sachs, Asset Management, Deutsche Telekom) ; etc.

Tantôt, les membres du Conseil d'analyse économique et du Cercle des économistes affichent sans trop de gêne les liaisons qu'ils entretiennent avec les groupes financiers ou industriels. Tantôt, ils n'en font pas de publicité, et il faut aller interroger Infogreffe, le site Internet du tribunal de commerce de Paris, pour découvrir leurs activités officieuses. Ou alors enquêter plus longuement et découvrir d'autres secrets encore...

Mais, avouons-le, tous ces économistes ne sont que des amateurs comparés aux deux présidents du CAE et du Cercle des économistes, Christian de Boissieu et Jean-Hervé Lorenzi. C'est bien simple, eux sont absolument partout. Ce ne sont pas des économistes, ce sont de grosses PME, adossées à d'innombrables succursales...

Le plus impressionnant demeure néanmoins Jean-Hervé Lorenzi. Il n'est pas seulement présent dans toutes les émissions de radio qui comptent et sur tous les plateaux de télévision où l'on papote d'économie, il navigue aussi dans toutes les arrière-cours du capitalisme parisien, siégeant dans d'innombrables conseils d'administration, multipliant les « ménages », les missions officielles ou officieuses. Grâce à son poste de président du Cercle, c'est l'économiste le plus visible, le plus médiatique, mais c'est aussi celui qui a le plus de fils à la patte.

Il y a d'abord les casquettes académiques, celles qui justifient qu'il soit l'un des économistes les plus en vue. Ancien conseiller industriel d'Édith Cresson à Matignon, Jean-Hervé Lorenzi est professeur à l'université Paris-Dauphine, titulaire de la chaire « Économie du vieillissement », directeur du Master 218 « assurance et gestion du risque » – je reviendrai plus tard sur ce système de chaire qui ne manque pas d'intérêt. Il est aussi président du Cercle des économistes, membre du CAE. Voilà pour la carte de visite officielle.

Et puis, il y a la carte de visite officieuse – le côté obscur de la force, pourrait-on dire. D'abord, Jean-Hervé Lorenzi est l'un des piliers de la Compagnie financière Edmond de Rothschild, l'une des grandes banques d'affaires en France : il est conseiller du directoire de la banque mais aussi président du conseil de surveillance de la Société Edmond de Rothschild Private Equity Partners, la filiale spécialisée dans les allers et retours rémunérateurs dans les PME. Ces deux fonctions ne sont en vérité pas très prenantes : le patron de la Compagnie financière, Michel Cicurel, a de la sorte sous la main un conseiller qui peut lui écrire quelques « *draft* » et surtout un lobbyiste très actif, au centre de nombreux réseaux. C'est surtout ce à quoi sert Jean-Hervé Lorenzi : être un agent d'influence plus qu'un économiste. Pour cela, il profite d'un fixe qui, dit-on, n'est pas considérable mais qui peut être complété par des primes ou des intéressements en actions, au gré des opérations financières que pilote la banque ou que lui-même a trouvées. En clair, sous l'économiste sommeille l'apporteur d'affaires…

Mais ce n'est pas tout ! Il est aussi membre du conseil de surveillance de la société Euler-Hermes (le numéro un de l'assurance-crédit, filiale d'Allianz, le géant de l'assurance privée) ; membre du conseil d'administration de BNP Paribas Cardif (le pôle assurance de BNP Paribas) ; membre du conseil d'administration d'Eramet (la société néo-calédonienne créée au XIXe siècle pour l'exploitation des mines de nickel par la famille… Rothschild) ; conseil de ESL & Network, un cabinet de conseil spécialisé dans la veille concurrentielle, réglementaire et stratégique, l'intermédiation et le lobbying ; membre du conseil d'administration du Crédit foncier, une filiale de BPCE présidée par le proche de Nicolas Sarkozy François Pérol et dirigée par Bruno Deletré, l'un des principaux responsables du naufrage de la banque... Dexia !

Jean-Hervé Lorenzi est encore membre du conseil stratégique du pôle français de PricewaterhouseCoopers, le très influent cabinet d'audit, d'expertise comptable et de conseil, qui audite notamment plus du tiers des groupes français du CAC 40. Pour quatre réunions par an, assorties chacune d'un jeton de présence de 7 500 euros, c'est un sympathique fromage.

En clair, Jean-Hervé Lorenzi n'apparaît pas comme un économiste indépendant. Au cœur d'un réseau d'influence dans les milieux de la banque et de l'assurance proches des grands oligarques du capitalisme parisien, il est de surcroît membre du conseil scientifique de l'institut de conjoncture économique COE-Rexecode, qui est une annexe du Medef, financée par les plus grandes entreprises françaises et notamment toutes les grandes banques de la place.

Notre économiste est aussi pêle-mêle membre du conseil de surveillance de la Fondation du risque (fondée par les grands lobbies de l'assurance privée, dont AGF et AXA) et censeur d'une société financière et de conseil dénommée Associés en finances. Et sur le site Internet de cette société, on apprend que Jean-Hervé Lorenzi est membre du conseil de surveillance de Siaci Saint-Honoré, un courtier en assurances ; administrateur de la société Novespace. Au cours des années récentes, il a aussi été administrateur de la société GFI Informatique, de la société Pages Jaunes ou enfin de Wanadoo, la filiale de France Télécom.

Et à cette liste qui donne le tournis, il faut encore ajouter les innombrables prestations que Jean-Hervé réalise à la demande des entreprises. Une petite réunion débat, et hop ! un petit bonus. De l'ordre de 3 000 euros l'exposé, non compris les défraiements.

Il y a dans le système Lorenzi, le plus sophistiqué de la place, quelque chose de profondément choquant. Au plan éthique, parce que toute la presse, complice volontairement ou non de ce petit business, présente toujours l'intéressé sous son visage d'universitaire. Si la parole de Jean-Hervé Lorenzi est écoutée, c'est parce que les auditoires devant lesquels il s'exprime n'ont aucune raison de penser qu'elle n'est pas indépendante. C'est parce que, lorsqu'il s'exprime sur la crise des banques, ses auditoires n'ont pas de raisons de se douter qu'il a partie liée avec elles. C'est parce que, lorsqu'il s'exprime sur la réforme des retraites, nul n'a de raisons de se douter qu'il a partie liée avec les grands lobbies de l'assurance privée.

Le plus étonnant, avec Jean-Hervé Lorenzi, c'est qu'il ne nie rien. Quand on l'interroge sur ses activités innombrables, il les assume toutes : son métier de professeur à Dauphine ; celui de conseil à la Compagnie financière ; ses mandats dans les conseils d'administration ; sa qualité de membre du CAE et de président du Cercle des économistes… Cela le fait même sourire, et il en ajoute d'autres encore, que l'on n'avait pas encore relevées, comme la revue *Risque*, dont il s'occupe pour la profession des assureurs. Et presque ingénument, l'économiste fait cette ultime mention : presque deux samedis sur trois, il a également à cœur de passer sa matinée dans l'un des cafés les plus snobs de la capitale, le Flore, pour rencontrer et débattre avec qui veut. « Oui, je le concède, je suis un Jacques Attali au petit pied », dit-il en riant de bon cœur de lui-même.

L'intéressé ne conteste même pas avoir des conflits d'intérêts. Car pour lui l'important c'est de garder quoi qu'il arrive sa liberté et son indépendance de jugement : « Je suis un homme libre », dit-il, avant de préciser que, de toute façon, « 99 % » de ce qu'il fait « est non rémunéré ». Et de conclure : « Je hais les discours moralisateurs. »

Jean-Hervé Lorenzi ne voit donc aucun problème. Et, en cela il est d'ailleurs assez représentatif de la communauté des économistes que le Cercle fédère. Si personne n'y dénonce le système qu'il incarne, c'est que de nombreux économistes en profitent. C'est presque la raison d'être du Cercle des économistes. C'est une société mondaine d'entraide ou d'autopromotion. Ou si l'on préfère, c'est comme une confrérie. En clair, le Cercle des économistes, c'est l'agence de communication des économistes parisiens ; une forme de cabinet de propagande pour la « pensée unique ».

Composé en très grande partie d'économistes de banque, jusqu'à son président, le Cercle des économistes est même devenu au fil des ans une simple annexe du patronat et notamment du lobby des grandes banques privées. Déjà, à son origine, il se gardait bien d'avoir pour ambition d'être un lieu pluraliste de débat des différentes écoles ou courants de pensée qui divisent l'économie politique. « Nous sommes de sensibilités différentes, mais l'extrême rigueur de nos analyses nous autorise un débat qui va au fond des choses », expliquait sans rire Jean-Hervé Lorenzi le 30 juin 2009 au *Journal du dimanche*, avant de livrer la conception très ouverte qu'il a d'un débat pluraliste opposant des « sensibilités différentes » : politiquement, la petite famille du Cercle des économistes, précisait-il, s'étend du… « centre droit au centre gauche ». Comme on le voit, le spectre est large…

Mais au fil des ans même les apparences n'ont plus été sauvegardées. D'abord, le Cercle s'est placé sous une totale dépendance vis-à-vis du groupe du milliardaire Bernard Arnault, en tissant des relations de partenariat privilégiées avec ses deux filiales, le journal *Les Échos* et Radio Classique. Plus généralement, ce sont les grandes entreprises qui ont financé en premier les manifestations du club, à commencer par les Rencontres économiques d'Aix-en-Provence qui ont lieu chaque année au début de l'été et sont parrainées par une ribambelle de groupes. Naturellement, parmi ces sponsors on trouve tous les établissements financiers de la place : BNP Paribas Assurance ; Caisse des dépôts ; CIC Lyonnaise de Banque ; CM-CIC Securities ; CNP Assurances ; Dexia ; Groupama ; etc.

Invraisemblable système de consanguinité ! Alors que la planète traverse une crise économique historique, l'opinion publique peut légitimement attendre des économistes un diagnostic indépendant et des recommandations libres. Mais au lieu de cela les économistes français suscitent au même moment la plus grave des suspicions : celle de ne pas être les observateurs fiables parce qu'indépendants d'un monde qui est devenu fou ; mais des acteurs de ce même système. Pis que cela ! Des serviteurs zélés, qui profitent des avantages de ce système qui déraille.

Il faudrait un nouveau Balzac, pour décrire les us et coutumes de ce petit monde, de tout cet entrelacs d'intérêts, qui a assez peu à voir avec la science économique. Au demeurant, la plupart de ces économistes ne produisent presque plus rien – ou si peu – dans les revues scientifiques qui font autorité dans la profession. En revanche, leurs activités mondaines sont intenses. Car, jusque dans leurs distractions, les membres du Cercle des économistes pratiquent le mélange des genres. Les Rencontres économiques d'Aix-en-Provence ont en effet noué un partenariat depuis plus d'une décennie avec le Festival d'art lyrique organisé par la même ville et se tiennent en même temps que lui. De la sorte, les participants aux Rencontres peuvent aussi aller au Festival, dont le président n'est autre que… Bruno Roger, l'un des plus vieux barons de Lazard, la banque d'affaires du capitalisme opaque parisien. « Cela ressemble à une université d'été du patronat, l'opéra en plus », commentait avec ravissement l'un des convives de ces festivités jumelles, Christophe de Baker, directeur général de la banque HSBC France, dans un supplément gratuit des *Échos* (8-9 juillet 2011). Parole d'orfèvre…

Pendant de longues années, ce fut Jean-Marie Messier, du temps où il était le patron de Vivendi Universal, qui finançait en grande partie le Festival. Quand, après sa chute en 2002, Bruno Roger a pris le relais, Vivendi, sous la présidence de Jean-Bernard Lévy, a continué à financer les deux manifestations conjointes, le Festival et les Rencontres. Mais Jean-Hervé Lorenzi a eu l'envie de diversifier ses financements et a demandé à France Télécom de verser son obole. Ce dont son patron, Stéphane Richard, s'est acquitté avec plaisir, et pas seulement pour figurer sur la liste, très prisée, des invités aux Rencontres. Il s'agissait aussi pour lui de concurrencer Jean-Bernard Lévy, dont le groupe contrôle un autre opérateur téléphonique, SFR. Ce dernier a peu goûté que son rival, patron d'Orange, soit associé aux mêmes festivités. Cela a suscité un grave psychodrame dans le petit bac à sable du capitalisme parisien. Entre grande musique et affairisme, entre snobisme et jeux d'influence, ce

Cercle des économistes, on le croirait sorti tout droit de la monarchie de Juillet ou du Second Empire…

Oui ! Il faudrait bien un nouveau Balzac pour écrire une version actualisée de *Splendeurs et misères des courtisanes*. Car tout y est, jusqu'aux mondanités, jusqu'aux dynasties qui se perpétuent, jusqu'aux comtesses qui ont leurs bonnes œuvres ou leurs actions de mécénat. Illustration jusqu'à la caricature : qui a été, juste à la sortie de la guerre, l'une des inspiratrices et l'un des principaux mécènes du Festival d'Aix ? Cela ne s'invente pas : la comtesse Lily Pastré… la grand-mère d'Olivier Pastré, notre brillant chroniqueur de France Culture et membre du Cercle des économistes, celui qui fait de si bonnes affaires en Tunisie.

Il faut bien finir par s'interroger sur les productions intellectuelles forcément contraintes ou sous influence que génère un tel système. Peut-on verser au débat public des propositions indépendantes frappant par exemple les banques, en pleine crise européenne de la dette, lorsque l'on est installé au cœur même du système bancaire français, lorsque l'on profite des miettes du festin ? Peut-on produire une étude honnête sur les marchés de l'énergie, si l'on est financé d'une façon ou d'une autre par le « régulé » et non pas le régulateur – étant entendu que le premier a nécessairement beaucoup plus de moyens financiers que le second ? Peut-on sereinement analyser les folies d'un monde, lorsque l'on est au pire l'un de ses agents d'influence, au mieux l'un de ses pions ? Mettons pour l'instant ces questions de côté et poursuivons notre état des lieux.

Outre Jean-Hervé Lorenzi, il y a en effet le patron du CAE, Christian de Boissieu, mis également en cause par le même billet de blog de l'universitaire Jean Gadrey.

Dans son cas, sans doute certaines critiques ont-elles été excessives ou ont pris un coup de vieux, même si l'intéressé présente quelques failles. Car depuis qu'il a été mis en cause Christian de Boissieu a mis un peu d'ordre dans ses affaires. Et se montre ouvert au débat déontologique.

Avant d'étudier sa situation, une remarque préalable : dans son cas, le débat sur les éventuels conflits d'intérêts revêt une importance particulière. Il faut en effet bien mesurer que le Conseil d'analyse économique, dont Christian de Boissieu est le président délégué – le poste de président revenant de droit au Premier ministre –, n'a fonctionnellement pas grand-chose à voir avec le Cercle des économistes, une structure privée – qui après tout fait ce qu'elle veut, quitte à s'exposer à des controverses sur ses pratiques éthiques. Le CAE, lui, a une fonction publique, comme le dit Christian de Boissieu dans un éditorial en première page du site Internet de l'organisme : « Placé auprès du Premier ministre, le Conseil d'analyse économique a pour mission d'éclairer, par la confrontation des points de vue et des analyses, les choix du gouvernement en matière économique. » Du fait de ce statut, le CAE a une obligation morale : faire vivre un débat pluraliste dans la communauté des économistes mais aussi générer des recommandations indépendantes. Et cette obligation morale incombe à son président plus qu'à tout autre.

Créé en 1997 sur une idée de Pierre-Alain Muet, l'une des figures historiques de l'Observatoire français des conjonctures économiques (OFCE), et qui est à l'époque le conseiller économique de Lionel Jospin à Matignon, le CAE a en effet la formidable ambition d'être un lieu de débat et de confrontation pluraliste où le Premier ministre peut venir échanger avec les économistes de toutes les obédiences, des plus libérales aux plus marquées à gauche. C'est ce pluralisme, au service du débat public, dont Christian de Boissieu a la charge. Voyons un peu comment il s'en acquitte.

En fait, dans la vie publique de l'économiste Christian de Boissieu, il y a un moment charnière : au printemps 2011, il est entré au collège de l'Autorité des marchés financiers (AMF), qui fait office de gendarme des marchés financiers, et a alors considéré à juste titre – les controverses autour de lui ont sans doute aussi pesé – qu'il devait démissionner de nombreuses autres fonctions qu'il occupait jusque-là dans le privé. Une bonne partie des critiques formulées deux ans plus tôt ont alors perdu de leur pertinence. Sans doute Christian de Boissieu aurait-il dû faire le ménage dans ses affaires plus vite et plus tôt. Mais enfin il s'y est résolu, lui. Et il faut incontestablement lui en donner crédit.

Mais, jusqu'à ce printemps 2011, l'économiste a pratiqué, lui aussi, le mélange des genres. Comme son alter ego Jean-Hervé Lorenzi. Alors qu'il présidait déjà le CAE, il a ainsi été dans le même temps membre du conseil stratégique du géant mondial de l'audit, Ernst & Young, de 2004 à la mi-2011, ou membre du conseil de surveillance de la banque Neuflize OBC (filiale d'ABN Amro) de 2006 à la mi-2011. Il a aussi été jusqu'à la même époque conseiller économique de HDF Finance, une société de gestion financière, dont le site Internet affiche fièrement cette annonce pour aguicher sa clientèle : « Chaque année, en mai et en novembre, HDF organise une rencontre avec ses clients privés afin de leur présenter un bilan du semestre passé et ses perspectives pour les mois à venir en présence de Christian de Boissieu. »

Des années durant, le patron du CAE s'est trouvé en situation de conflit d'intérêts. Car avant d'accéder au collège de l'AMF Christian de Boissieu était déjà membre de son conseil scientifique. Et il était aussi membre du Comité des établissements de crédit et des entreprises d'investissement (Cecei), un organisme de régulation qui dépend de la Banque de France. Durant toutes ces années, et jusqu'au printemps 2011, il a été du côté des régulateurs et du côté des marchés. Compte tenu de l'aura liée à sa fonction, l'AMF et le Cecei ont fait appel à lui, dans le souci d'encadrer au mieux la vie des marchés et des établissements financiers ; mais dans le même temps il a usé lui-même de cette aura pour se situer de l'autre côté de la barrière, du côté des banques et des marchés. Et dans le même temps, il a également cumulé les fonctions dans l'industrie comme membre du conseil scientifique d'Areva ou du groupe italien de défense et d'aéronautique Finmeccanica.

Imagine-t-on qu'aux États-Unis, pays libéral s'il en est, un économiste puisse siéger dans une instance de la Securities and Exchange Commission (SEC), l'homologue de l'AMF, et en même temps au conseil d'une banque ? L'affaire ferait immédiatement scandale et l'intéressé serait sur-le-champ sommé de démissionner de l'une de ces fonctions. Mais en France, au pays du capitalisme de la collusion, non ! Durant des années, cela n'a choqué personne. Jusqu'à ce qu'un universitaire de Lille ne s'en indigne sur son blog…

Christian de Boissieu se défend d'avoir été en conflit d'intérêts, même avant le printemps 2011. Il fait valoir que le conseil scientifique de l'AMF est une instance consultative et qu'il ne s'est pas placé à l'époque en situation de conflit d'intérêts en y siégeant. Pour souligner qu'il a toujours été de bonne foi et qu'il a veillé à ne pas être en conflit d'intérêts, il donne cet autre exemple : membre du Cecei, il s'est mis en congé de cette fonction quand celui-ci a eu à donner son feu vert à l'absorption du Crédit Lyonnais par le Crédit Agricole parce qu'il était par ailleurs président d'Amundi, une très importante filiale du même Crédit Agricole.

Mais Christian de Boissieu n'a pas fait que cela. Jusqu'en septembre 2011, il a été le président de la Commission de contrôle des activités financières de la Principauté de Monaco. Et aussi président de la commission de surveillance des Organismes de placement collectif en valeurs mobilières de Monaco. Il serait toutefois excessif de retenir cette fonction à son débit. Même si la Principauté a été retirée en septembre 2009 de la « liste grise » établie de l'OCDE des paradis fiscaux et qu'elle traîne derrière elle une sulfureuse réputation, l'homologue monégasque de l'AMF peut tout de même difficilement être assimilée à une officine mafieuse.

L'intéressé a lui-même fini par prendre conscience que ces fonctions innombrables, d'un côté et de l'autre, étaient éthiquement discutables. À la faveur d'un entretien au *Point* (15 septembre 2011), il a révélé qu'il avait mis de l'ordre dans ses affaires, tout en essayant de sauver la face : « J'adore le débat d'idées. Mais les attaques personnelles, les procès d'intention et les amalgames me répugnent. D'autant que ces attaques sont totalement injustes : il y a vingt ans, Paribas m'a proposé d'être son économiste en chef. J'aurais gagné beaucoup d'argent. J'ai refusé pour justement me consacrer à l'université. Avec ce résultat, à 64 ans, je ne suis pas imposable à l'ISF et je suis locataire de mon appartement. J'ai effectivement plusieurs casquettes mais la plupart sont bénévoles. » Et de confirmer à l'hebdomadaire qu'à l'occasion de sa nomination au collège de l'AMF, au printemps 2011, il avait démissionné de presque toutes ses fonctions autres qu'universitaires : « Histoire qu'il n'y ait plus la moindre ambiguïté de la part d'observateurs mal-intentionnés. »

Avec le recul, l'économiste admet que la communauté des économistes français aurait sans doute intérêt à se doter d'un code de déontologie. Et il fait valoir que la structure la plus appropriée pour réfléchir à un tel code serait sans doute celle qui regroupe le plus grand nombre d'économistes, dans toutes leurs diversités, en l'occurrence l'Association française de science économique (AFSE). « Moi, je serais favorable à ce que l'AFSE réfléchisse à un tel code », m'a-t-il confié, en réponse à mes interpellations.

Dont acte ! Christian de Boissieu n'est pas Jean-Hervé Lorenzi et il faut lui en donner crédit. À la décharge de l'économiste, il faut aussi admettre que le CAE a été, si l'on peut dire, victime de ses débuts : comme son fondateur et premier président délégué, le socialiste Pierre-Alain Muet, était dans le même temps membre du cabinet de Lionel Jospin à Matignon, peu de crédits ont été débloqués. Ainsi le patron du CAE percevait-il une indemnité d'environ 800 euros par mois au début. Même si la somme a ensuite été réévaluée, le président du CAE était par la force des choses contraint de trouver d'autres sources de rémunérations. Si Christian de Boissieu a été placé dans la situation de trouver ou de conserver d'autres sources de revenus, elle incombe aussi à la puissance publique. Encore que celle-ci a finalement mis des crédits sur la table pour faire « tourner » l'organisme :

912 232 euros exactement en 2010, par exemple, pour treize réunions plénières.

La prise de conscience tardive – et partielle – de Christian de Boissieu ne change pourtant rien au constat d'ensemble : le CAE comme le Cercle des économistes n'ont pas de réelle indépendance vis-à-vis des milieux financiers. La preuve : au moment précis où Christian de Boissieu renonce à la plupart de ses mandats, au printemps 2011, un autre membre du CAE fait, lui, un mouvement un sens inverse. Il s'agit de Mathilde Lemoine. Économiste pour la banque HSBC France, un temps proche de l'UMP, comme son compagnon, Dominique Paillé, elle est aussi membre des Gracques, un groupe de hauts fonctionnaires incarnant une sensibilité assez singulière, la gauche… de droite. Ancienne conseillère de Thierry Breton au ministère des Finances, puis de Dominique de Villepin à Matignon, elle n'en a pas moins rallié le camp du sarkozisme, en devenant membre de la commission Attali. Pour couronner le tout, elle a été nommée le 25 mai 2011 – sa biographie officielle sur le site du CAE n'en fait pas mention – au conseil d'administration du géant de la distribution, le groupe Carrefour, contrôlé par le fonds anglo-saxon Colony Capital et le milliardaire Bernard Arnault, patron et propriétaire du groupe de luxe LVMH.

Une belle promotion, pour une économiste qui siège donc désormais au conseil d'administration d'un groupe parmi les plus symboliques du capitalisme du Fouquet's. Au conseil d'administration de Carrefour, elle peut en effet côtoyer Bernard Arnault, témoin de mariage (avec Cécilia) de Nicolas Sarkozy ; Nicolas Bazire, également témoin de mariage (avec Carla) du même Nicolas Sarkozy ; Amaury de Sèze, un cumulard du CAC 40, réactionnaire notoire, siégeant déjà aux conseils de Dassault, des holdings du milliardaire belge Albert Frère, de Suez Environnement, de Thales ou encore de Publicis ; ou encore Charles Edelstenne, l'un des plus influents barons de l'empire Serge Dassault, sénateur UMP de son état et ami proche lui aussi de Nicolas Sarkozy.

Bref, pour entrer au conseil du géant de la distribution, il faut être un(e) obligé(e) du Palais. Et il faut être adoubé par Bernard Arnault, le milliardaire boulimique qui a croqué *Les Échos*, comme si ce journal n'était qu'une marchandise ; ce patron autoritaire qui a brutalement évincé l'ex-dirigeant de Carrefour José Luis Duran, au motif qu'il ne faisait pas « cracher » assez d'argent pour les actionnaires.

Le parcours de Mathilde Lemoine éclaire ce qu'est devenu au fil des ans le Conseil d'analyse économique. À sa création, le CAE avait réellement une fonction pluraliste, regroupant tous les courants de pensée du débat économique, de la droite jusqu'à la gauche. Mais en 2002, lors de l'alternance, le CAE a perdu sa diversité et une petite partie de son âme. De nombreux économistes de gauche ont tiré leur révérence : ce fut le cas notamment de Dominique Plihon, le président du conseil scientifique d'Attac ; de l'économiste de la régulation Michel Aglietta ; ou encore de Thomas Piketty, l'un des économistes de gauche parmi les plus brillants de sa génération, auquel on doit de fervents plaidoyers en faveur d'une « révolution fiscale ». L'écologiste Alain Lipietz a aussi fait partie du CAE, de même que l'économiste communiste Yves Dimicoli, avant tous les deux de s'en retirer.

Dans le même temps, les économistes de banque sont entrés en force au sein du conseil, qui est devenu monocolore. Le CAE a alors copié les travers du Cercle des économistes, pour devenir non plus un lieu de débat et de production intellectuelle, mais avant tout un lieu de rencontres mondaines et d'autopromotion des économistes proches du pouvoir.

Que l'on s'entende bien ! Ce n'est pas seulement que l'équilibre droite/gauche n'a pas été sauvegardé au CAE. Au sein même des courants idéologiques de la droite, la représentation s'est modifiée : des économistes de banque un peu ternes ont pris la succession du très libéral mais très marquant Jean-Jacques Rosa, l'un des plus fervents détracteurs de l'euro.

Christian de Boissieu n'est, certes, en rien responsable des départs en cascade d'économistes de gauche – s'ils l'avaient souhaité, sans doute auraient-ils pu rester. Tout comme il n'est pas responsable de l'entrée en force des économistes de banque – c'est le Premier ministre qui procède aux nominations. Mais le résultat semble incontestable : la finance a opéré comme une OPA sur le CAE.

Les liaisons dangereuses des économistes parisiens les plus médiatiques ne s'arrêtent d'ailleurs pas là. Dans de nombreux pays, aussi, ils ont cherché à vendre leurs talents, quitte à tisser des relations nauséabondes. Un seul exemple : la Tunisie, encore elle. De très nombreux experts français ont marché sur les pas d'Olivier Pastré. Par son entremise, le Cercle des économistes y a tenu des colloques, année après année, avec tout l'establishment de la vie des affaires tunisienne, vivant en endogamie totale avec le régime de Ben Ali. Le 17 janvier 2009, le Cercle des économistes a ainsi pris l'initiative de lancer ce fameux « Appel de Tunis » déjà évoqué, un appel destiné à réactiver l'Union pour la Méditerranée, cette alliance des dictateurs arabes rêvée par Nicolas Sarkozy.

Le Premier ministre de Ben Ali, Mohamed Ghannouchi, n'en demandait pas tant et le jour même du lancement de cet appel, il recevait ses promoteurs pour les remercier de leur initiative. Et qui sont les initiateurs de cet appel ? Tous nos amis, les économistes parisiens. Christian de Boissieu, qui a signé en qualité de « professeur à Paris-II », s'est personnellement investi en appelant plusieurs personnalités pour leur demander de signer. Parmi les autres signataires, on relève pêle-mêle les noms de la fine fleur du Cercle des économistes : Jean-Hervé Lorenzi, mais aussi naturellement Olivier Pastré. Les belles âmes...

L'implication de Christian de Boissieu en Tunisie ne s'arrête d'ailleurs pas là. Dans une enquête minutieuse, *Mediapart* (31 janvier 2011) a raconté au lendemain de la chute de Ben Ali les connivences innombrables qui ont longtemps existé entre les milieux d'affaires français et tunisiens, sous l'égide de l'ambassade de France à Tunis. Dans ce récit établi par les journalistes Lénaïg Bredoux et Mathieu Magnaudeix, on découvrait ainsi que l'amiral Jacques Lanxade, ambassadeur à Tunis entre 1995 et 1999, était devenu administrateur d'une société franco-tunisienne, la Compagnie générale des salines de Tunisie (Cotusal), filiale des Salins du Midi qui vendent notamment les sels La Baleine. Or l'entreprise compte comme actionnaire la Banque de Tunisie, dirigée jusqu'à la révolution par la femme d'Abdelwaheb Abdallah, un très proche conseiller de Ben Ali. Et qui trouve-t-on au conseil d'administration de la société ? Le président du CAE, himself !

Pour toutes ces activités, Christian de Boissieu, qui était aussi président du Cercle d'amitié France-Tunisie, a été remercié par le régime de Ben Ali : il a été promu commandeur de l'Ordre de la République tunisienne. En mars 2007, il sera même reçu à la Kasbah, le siège du Premier ministre à Tunis, en tant que président du « Cercle d'amitié Tunisie-France », un cénacle de chefs d'entreprise. En sortant, il se déclara « favorablement impressionné » par la situation de l'économie pour le plus grand plaisir de la presse officielle.

La morale de toutes ces histoires d'intérêts croisés et de conflits d'intérêts, c'est sans doute l'heureuse destinée de David Thesmar qui la révèle. Un jeune et prometteur économiste, que ce David Thesmar, professeur de finance à HEC de son état. C'est le Cercle des économistes et le journal *Le Monde* qui ont le front de lui attribuer le 14 mai 2007 le « Prix du meilleur jeune économiste ». La distinction est en phase avec l'air du temps. Alors que Nicolas Sarkozy vient tout juste d'accéder à l'Élysée, le jury récompense un économiste qui vient de cosigner avec un de ses collègues dont nous reparlerons bientôt, Augustin Landier, un pamphlet ultralibéral *Le Grand Méchant Marché* (Flammarion, janvier 2007). Cet ouvrage dénonce notamment la défiance que les Français éprouvent à l'égard des marchés financiers et leur attachement coupable à la fonction régulatrice de l'État.

Dans ce livre écrit quelques semaines avant que la crise n'éclate, tout y passe : éloge de la finance, plaidoyer en faveur des fonds de pension, dénonciation des soi-disant rigidités du marché du travail... Dans leur ode au marché, les deux auteurs disent leur détestation de la régulation et affichent leur mépris pour le modèle social français : « Cette nouvelle pensée unique qu'est la révolte contre le "grand méchant loup" du libéralisme financier résiste mal à la confrontation aux faits », résument-ils, avant d'asséner : « La finance est l'amie de l'emploi, pas son fossoyeur. Les restructurations financières, les OPA hostiles, ne sont pas l'arsenal que les capitalistes utilisent pour s'approprier les profits au détriment des salariés. »

Les deux mêmes, David Thesmar et Augustin Landier, livrent le fond de leurs convictions un peu plus tard, le 27 juillet 2007, à l'occasion d'une tribune dans *Les Échos*. Sous le titre « Le méga-krach n'aura pas lieu », ils contestent qu'une crise économique soit en train d'enfler depuis plusieurs mois : « Nous sommes dans une "nouvelle économie financière". Grâce à des instruments innovants s'échangeant sur des marchés bien plus liquides qu'il y a une décennie, le risque de la dette n'est plus supporté par quelques acteurs (les banques, les assurances), mais réparti dans l'ensemble de l'économie. [...] Chaque risque de défaut, au lieu d'être porté par une seule banque, est donc ventilé vers un grand nombre d'acteurs. »

Les propos du bon petit soldat David Thesmar sonnent « faux » mais... qu'importe, il ira loin : il a déjà été coopté au sein du Cercle des économistes et du Conseil d'analyse économique.

4
Les banksters

« La crise est finie ! » : C'est ce qui s'appelle faire une belle « boulette ». Le 3 avril 2008, en couverture du magazine économique, la direction de *Challenges* a eu l'idée incongrue de mettre cette formule en manchette. Pourtant, loin de s'essouffler, la crise a très vite rebondi. Pire ! La crise bancaire, qui avait démarré aux États-Unis en 2007 et qui s'était transformée en crise financière, s'est ensuite prolongée en une crise économique planétaire historique, aussi grave sinon plus que celle de 1929, plongeant de nombreux pays dans la récession et les confrontant à une nouvelle et terrible vague de chômage. Et quatre ans plus tard, la crise, qui dans l'intervalle s'est transformée en une crise des dettes souveraines et a plongé l'Europe dans d'inextricables convulsions, n'est toujours pas près de finir.

Oui, une stupéfiante boulette ! Ainsi va l'histoire de la presse qui se confond parfois, il faut bien le reconnaître, avec de formidables loupés. Pour aguicher le lecteur ou tout simplement par erreur sinon par stupidité… Mais dans le cas présent, un célèbre économiste parisien, membre tout à la fois du Conseil d'analyse économique et du Cercle des économistes, a sa part de responsabilité dans cette annonce malencontreuse. La couverture du magazine avait en effet été conçue pour illustrer cette interview.

Beaucoup des économistes, parmi ceux que nous venons de passer en revue, nous avaient chanté les louanges de la dérégulation boursière et financière ; ils nous avaient même prédit des temps bénis, ceux de la « mondialisation heureuse ». Et voilà que tout se passe à rebours de leurs annonces, et que, par un violent choc en retour, la dérégulation libérale a déchaîné une tempête historique et mis cul par-dessus tête sinon la planète tout entière en tout cas l'Europe. Ne faut-il pas se retourner vers ces faux prophètes et leur poser enfin la question : mais « d'où » parlez-vous, pour parler parfois aussi faux ?

La « pensée unique » a fait trop de ravages ces deux ou trois dernières décennies, singulièrement dans la sphère économique, pour que l'on ne demande pas des comptes à ceux qui se sont à ce point trompés. Pourquoi, volontaires ou non, autant d'erreurs, autant de mauvais diagnostics et de recommandations erronées ?

Question légitime, mais question taboue. Curieusement, dans le débat économique français, la question des erreurs des économistes n'est jamais prise sous cet angle. Dans la presse et par contrecoup peut-être aussi dans l'opinion, les économistes sont parfois moqués pour leurs mauvais jugements, mais jamais interpellés sur les raisons profondes de ces faux pas. Sur les œillères qui les empêchent de discerner les véritables évolutions économiques. Sur les partis pris qu'ils ont, qui découlent parfois de leur situation sociale. En d'autres temps, on aurait dit… des partis pris de classe !

C'est vrai, on dresse la liste de leurs mauvaises prévisions ou de leurs erreurs de jugement. Mais on ne leur en tient jamais rigueur. Dans les médias, c'est même devenu ce que dans le jargon du métier on appelle un « marronnier » – un article à répétition. À la faveur de la crise, les moqueries sont d'ailleurs revenues.

C'est *Le Point* du 15 septembre 2011 qui s'y est employé avec le plus de perspicacité, relevant les innombrables âneries auxquelles la crise a donné lieu depuis qu'elle a commencé, de la part des économistes ou des politiques. « Le gros de la crise est derrière nous », claironnait à l'été 2008 sur BFM Christine Lagarde, à l'époque ministre des Finances et reine des gaffes en tout genre. « Les pires nouvelles sont derrière nous », proclamait en mai 2011 Dominique Strauss-Kahn, alors qu'il était patron du Fonds monétaire international (FMI). « Nous allons en effet vivre une année horrible, jusqu'à la mi-2009, la croissance sera nulle ou quasi nulle [...] La bonne nouvelle, c'est que cela ne durera pas plus longtemps », pronostiquait Daniel Cohen (École normale supérieure et École d'économie de Paris) dans *Capital*, en septembre 2008. « Après quelques mois de tentation réglementaire, le calme revient et c'est tant mieux. L'autorégulation fonctionne, pas besoin de beaucoup de textes », se réjouissait, de son côté, l'ex-patron des patrons, Ernest Antoine Seillière, dans *Les Échos*, le 3 juin 2009.

En économie, la bêtise est visiblement la chose la mieux partagée. Et il suffit aux journalistes d'exercer leur devoir de mémoire pour en faire le triste constat. Et dresser la morale de toutes ces histoires peu glorieuses en appelant Pierre Dac à la rescousse : « L'art de la prévision est difficile, surtout… quand il concerne l'avenir ! »

Et si l'on remonte avant la crise actuelle, des bourdes de ce genre, on en trouve en pagaille. Qui sait ainsi quel est le conseiller mal inspiré ou l'économiste patouilleux qui eut un jour l'idée stupide de souffler à Jacques Chirac de faire à la France une prophétie merveilleuse, au début de son premier mandat de chef de l'État. C'était le 23 février 1996 sur France 2. Faisant mine de s'être secrètement converti à la théorie des cycles longs, popularisée en d'autres temps par l'économiste stalinien Nikolaï Dimitrievitch Kondratiev, il a annoncé au pays le retour des Trente Glorieuses. « Ma conviction, a-t-il déclaré, est que le monde est, aujourd'hui, à la veille d'une importante reprise de la croissance. » Soulignant que dans certains pays, comme en Asie ou en Amérique latine, la demande solvable « est en train d'exploser », il s'est dit convaincu d'une « croissance qui reprendra et qui sera durable, en tout cas pour un cycle de vingt ou trente ans ». On sait ce qu'il en est advenu…

Aussi, on serait enclin à ne pas tenir grief à *Challenges* pour cette stupide couverture. Ni à l'économiste qui en est à l'origine.

Pourtant, on aurait tort de prendre cela à la rigolade. Car par-delà le bêtisier, qui fait sourire, il y a un débat qui, lui, est sérieux. Un débat, précisément, sur les « œillères » que peuvent avoir certains économistes, même les plus talentueux. Un débat qui rejoint celui sur l'indépendance et les conflits d'intérêts. Arrêtons-nous en effet un instant sur le cas de l'économiste qui annonce à *Challenges* en avril 2008 que « la crise est finie ».

Dans la galaxie complexe des économistes français, l'auteur de la prophétie malheureuse fait en effet partie d'une sous-catégorie, celle des économistes de banque, qui mérite une attention particulière. Il s'agit même de l'un des plus brillants d'entre eux, Patrick Artus, le directeur des études de la banque Natixis (la banque française la plus sinistrée avec Dexia), par ailleurs professeur à Polytechnique, professeur associé à l'université de Paris-I, membre de la Commission économique de la nation. C'est aussi un « chouchou » des médias : il ne se passe pas une semaine sans qu'il ait droit à une tribune dans la presse écrite ou qu'il soit l'invité d'une émission de radio ou de télévision.

Il faut examiner avec attention le « cas Artus ». Car, pour ce qui concerne les économistes de banque, il existe, en vérité, deux variétés d'économistes. Il y a les petits hommes gris, les obscurs, les ternes, les sans idées, sans véritable imagination, ceux qui disent exactement ce que les dirigeants du lobby bancaire attendent d'eux. C'est le cas, selon moi, de plusieurs membres du Cercle des économistes qui forment comme une armée des bien-pensants, ceux qui ne s'écartent jamais, fût-ce d'un millimètre, de la ligne officielle. De la doxa néolibérale.

Et puis, quelques personnalités émergent du lot. Plus vives que les autres, plus originales, plus marquantes, ces fortes personnalités se sont construit envers et contre tout un petit espace de liberté dans l'univers réactionnaire de la banque parisienne. C'est notamment le cas de Patrick Artus, un esprit pétillant qui impressionne par bien des aspects. Examinons un instant la bourde de ce dernier :

« Où en est la crise financière ? lui demande *Challenges*.

– Le pire est passé. C'est fini, répond l'économiste.

– Cela ne semble pas être l'avis de Jean-Claude Trichet.

– Je reviens des États-Unis. Les acteurs de marché sont unanimes : les institutions financières américaines ont enrayé la crise. Par leurs interventions, elles ont fourni un plancher aux prix des actifs qui dégringolaient. Nous sommes en train de sortir de la psychose du trou sans fond. »

Les jours qui suivent, Patrick Artus continue d'annoncer la bonne nouvelle. « Il y a plein d'éléments de la crise qui ne sont pas finis. Une croissance faible est devant nous et cela va durer un moment ; les banques vont avoir des difficultés, encore… parce qu'elles font des pertes, parce qu'il faut qu'elles retrouvent un modèle… Mais ce que j'ai voulu dire dans *Challenges*, c'est que la crise de marché est finie. […] C'est un retour de la confiance organisé par les banques centrales », professe-t-il ainsi le 7 avril suivant sur France 24.

Bref, Patrick Artus se trompe radicalement, et le magazine avec lui, puisque la crise ne va cesser de se creuser, prenant de nouvelles formes, toujours plus préoccupantes. Le plus surprenant dans cette affaire, c'est qu'elle n'a pas suscité de débat. Ou très peu. Ni dans la communauté des économistes. Ni dans la presse. Cela a d'autant moins fait débat que Patrick Artus a eu l'intelligence – ou l'habileté – de faire son autocritique. Près d'un an après, dans une étude publiée par le service des études de Natixis (*Flash Économie*, 3 février 2009, n° 362), il a admis avoir fait fausse route : « Essentiellement, nos erreurs de prévisions consistent en un optimisme global très excessif (portant sur la croissance, les cours boursiers…) au premier semestre 2008 », écrit l'économiste.

Et l'intéressé a réussi à se faire applaudir par ses pairs et par la presse économique pour avoir eu le courage d'analyser ses propres erreurs. La page a donc très vite été tournée ; et comme si de rien n'était Patrick Artus est resté l'un des « chouchous » des médias. Ce qui en soi n'a, bien sûr, rien de choquant. Car l'erreur naturellement est humaine. Pour peu que l'erreur soit involontaire ; pour peu aussi qu'elle soit expliquée méticuleusement aux lecteurs ; pour peu enfin qu'elle ne se répète pas…

Or, tout est là. Quand Patrick Artus dérape, en avril 2008, en annonçant la fin de la crise, il s'attire sur le coup quelques moqueries. Mais personne ou presque ne fait valoir à l'époque que ses analyses sont fréquemment marquées par un biais particulier. Disons… un biais optimiste. À titre d'exemple, quelques mois auparavant, à la fin de l'été 2007, le même économiste publiait une autre note (*Flash Économie*, 17 septembre 2007, nº 334) dans laquelle il se demandait si la crise des subprimes, qui secouait les États-Unis, pouvait « dégénérer en une récession mondiale ». Mais son étude avait pour but de rejeter cette hypothèse : « Le scénario le plus raisonnable est celui où la crise immobilière aux États-Unis ralentit l'économie mondiale mais est loin de la plonger dans une récession. Notre scénario central n'est donc absolument pas celui d'une récession en 2008. »

En clair, une crise économique historique est en train de démarrer. Sous les effets des subprimes, ces prêts immobiliers hautement toxiques, les grandes banques américaines se sont mutuellement contaminées, et la planète est au bord d'un gouffre économique gravissime. Mais l'un de nos plus brillants économistes de banque ne voit rien venir. Ou en tout cas rien de gravissime, rien d'historique.

Patrick Artus est coutumier de ce genre de prévisions erronées. Quelques mois plus tôt, il a en effet déjà sonné la charge contre ceux qui voyaient venir une crise majeure. Dans une étude (*Flash Marchés*, 22 mars 2007, nº 110), épinglée en son temps par *Le Canard enchaîné*, il assène ses vérités : « Les corrections successives des marchés d'actions en février-mars 2007 sont liées à une série de craintes des marchés : la liquidité va se raréfier (fin du *carry trade*) ; l'économie chinoise va fortement ralentir ; il peut y avoir une récession aux États-Unis ; la profitabilité va se retourner à la baisse ; la crise du crédit immobilier "subprime" (et des crédits à taux variables, ARMs) aux États-Unis va déclencher une crise bancaire et financière. Or, toutes ces affirmations sont fausses. La crédulité et l'absence de sang-froid des marchés financiers sont donc remarquables. »

Ce n'est pas faire insulte à l'intelligence de Patrick Artus que de le dire – car il est des économistes beaucoup plus ternes que lui, et plus serviles : il est trop incrusté dans ce système pour en dénoncer tous les vices et toutes les turpitudes. Sans même parler de ses rémunérations principales, celles que lui sert sa banque d'attache, Natixis, il perçoit 55 000 euros en jetons de présence pour pas même dix réunions par an dans l'un des plus chic conseils d'administration du CAC 40, celui de Total. Il est aussi administrateur de la société

Ipsos. Tout ça n'incite pas à applaudir les thèses hétérodoxes des économistes atterrés ou d'Attac.

Mais, ce qui est frappant, c'est que ce biais optimiste – ou acritique, ce qui revient presque au même – est assez communément partagé par les économistes de banque. À des degrés plus ou moins marqués, la plupart d'entre eux ont des lunettes moins sombres que d'autres économistes et, plus généralement, portent un regard indulgent – quand il n'est pas totalement positif – sur les déréglementations financières de ces dernières années, qui ont très profondément modifié la donne économique mondiale. Chef économiste de Dexia Asset Management et membre du Cercle des économistes, Anton Brender est emblématique de cette sorte de parti pris, commun à beaucoup d'économistes de banque.

Il suffit de lire son dernier ouvrage, coécrit avec une économiste de Dexia, Florence Pisani, *La Crise de la finance globalisée* (La Découverte, avril 2009), pour en prendre la mesure. Intelligent, éclairé, comme le sont aussi les ouvrages de Patrick Artus, l'essai est représentatif de ce qui se fait de mieux dans le microcosme des économistes de banque. Mais il est aussi révélateur d'un parti pris constant, repris en chœur par tous les experts de ce type : la globalisation financière et la dérégulation sont des données formidablement favorables, pour peu qu'elles soient un tout petit mieux encadrées.

« Après la conflagration de l'automne 2008, l'apport de la globalisation financière peut légitimement être mis en question. Si le prix de quelques années de développement accéléré des régions émergentes est un ralentissement dramatique de l'économie mondiale, le jeu en vaut-il la chandelle ? Simpliste, cette analyse avantage/coût n'en résume pas moins assez bien le bilan des années 2000. Faut-il pour autant remettre en cause la libéralisation des mouvements de capitaux et tenter de faire revenir la finance dans le seul capital des banques ? Il ne nous semble pas », écrivent ainsi nos deux auteurs en conclusion. Ils prennent également bien soin de préciser que la mondialisation et la dérégulation qui l'a accompagnée sont facteur de progrès, si elles sont maîtrisées : « La déréglementation engagée pendant les années 70, puis la libération des mouvements internationaux de capitaux ont ouvert le champ à des innovations financières qui ont profondément transformé la manière dont les capitaux et les risques circulent. Ces innovations donnent à tous les pays des marges de croissance nouvelles, à condition toutefois que l'intervention publique soit attentive à limiter les dérives de la finance et à canaliser ses développements. »

Qu'en des termes feutrés ces choses-là sont dites ! Le monde vit une catastrophe économique historique, mais Anton Brender, lui, disserte aimablement, avec son coauteur de Dexia, sur les charmes des folles « innovations financières » générées par la dérégulation. On croit rêver ! Mais honnêtement qu'attendre d'autre d'un économiste de banque ? Qu'il applaudisse Arnaud Montebourg et sa proposition de mise sous tutelle des banques ? Qu'il propose de « désarmer la finance », comme le suggèrent les économistes atterrés ou les militants altermondialistes d'Attac ?

Là encore, ce qui interpelle, ce n'est pas l'erreur ; c'est l'entêtement dans l'erreur. Examinons ce que disait Anton Brender un an auparavant. Dans un autre ouvrage, également coécrit avec Florence Pisani, *Les Déséquilibres financiers internationaux* (La Découverte), il manifestait exactement le même optimisme :

« Contrairement à une idée reçue *(sic !)*, les déséquilibres globaux peuvent se dénouer sans cataclysme monétaire ou financier pourvu que la modération de l'endettement des ménages américains, engagée à l'automne 2006, se poursuive et que les autorités des parties prenantes à la globalisation financière coopèrent pour ne pas déstabiliser les marchés des changes. » Au moment même où l'opuscule paraissait en librairie, au printemps 2007, la crise des subprimes était en train d'enfler aux États-Unis, donnant le coup d'envoi d'une crise économique historique sans précédent depuis 1929…

Par-delà ces livres, Anton Brender s'est aussi distingué, un peu comme Patrick Artus, par ses commentaires dans la presse qui, avec le recul, font pour le moins sourire. Dans son bêtisier, *Le Point* faisait ainsi figurer cette saillie incongrue : « Les paniques bancaires à l'ancienne ont disparu grâce au dispositif d'assurance des dépôts mis en place pour permettre de les éviter », une déclaration de l'économiste au magazine *Challenges*, en septembre 2008. Or, quelques mois plus tard, sa propre banque, Dexia, devait en urgence recevoir une aide colossale des États belge et français, d'un montant de 6,4 milliards d'euros, pour ne pas faire faillite. Ce qui s'est finalement révélé insuffisant quatre ans plus tard, la banque des collectivités locales devant être finalement dépecée…

Cette histoire de Dexia est particulièrement instructive car elle vient confirmer que les économistes de banque ont, par la force des choses, une parole contrainte : ils peuvent (presque) tout dire, sauf… ce qui met en cause le système bancaire qui les emploie. A-t-on ainsi entendu des économistes de banque dénoncer le plan de soutien aux banques très déséquilibré mis au point en 2008 par Nicolas Sarkozy, leur apportant plus de 20 milliards d'euros en liquidités et plus de 20 milliards en fonds propres, mais sans la moindre contrepartie demandée à ces mêmes banques ? Nenni, bien sûr. Par la force des choses, les économistes de banque – et même les plus malins comme Anton Brender ou Patrick Artus – ont des œillères. Ils ne peuvent naturellement pas mordre la main qui les nourrit.

Tel est le plus souvent le visage des économistes de banque qui ont, par leur fonction, un cerveau hémiplégique. Ils ne discernent dans le meilleur des cas qu'une partie de la réalité. Et le plus souvent, ils ne voient cette réalité qu'au travers de lunettes déformantes.

Qui a ainsi alerté l'opinion sur deux des plus graves scandales bancaires que la France ait connus ces dernières années, celui de Natixis où travaille Patrick Artus, et celui de Dexia où officie Anton Brender ? Il a fallu que la presse y pourvoie car, de son côté, la petite communauté des économistes parisiens a été totalement défaillante. Un oubli, sûrement…

Pour bien comprendre la gravité de ces scandales, reprenons le fil des événements. Dans le passé, les Caisses d'épargne disposaient, avec le Crédit mutuel et La Poste, d'un monopole de distribution du livret A, le produit d'épargne préféré des Français. Elles assuraient donc une première mission d'intérêt général : la rémunération de l'épargne populaire. L'argent collecté était centralisé par la Caisse des dépôts et consignations (CDC), ce qui lui permettait – seconde mission d'intérêt général – de financer le logement social. Les Caisses d'épargne et la CDC défendaient donc des intérêts conjoints. Plus que cela. La CDC était l'actionnaire de référence des Caisses d'épargne, avec un contrôle sur 35 % de son capital. Les deux groupes, public dans un cas, d'origine mutualiste dans l'autre, symbolisaient à leur façon l'économie sociale à la française. Une économie pas totalement entre les mains des marchés et qui remplissait des missions d'intérêt général.

Or, en 2005, tout a explosé. Violant le pacte d'actionnaires qui les lie à la CDC, les Caisses d'épargne ont passé un accord secret avec les Banques populaires pour créer la banque d'investissement Natixis. On connaît la suite, calamiteuse : délaissant leurs missions d'intérêt général, les Caisses d'épargne vont faire quasi-naufrage, en allant barboter avec délices sur les marchés spéculatifs les plus toxiques. Et Natixis sera la banque française la plus gravement contaminée par la crise des subprimes, dès 2007. À l'automne 2008, les Caisses d'épargne avaient perdu près de 750 millions d'euros à la suite de spéculations hasardeuses imputées à l'un de ses traders.

Qui a parlé de cette débâcle ? À ma connaissance, aucun des membres talentueux du Cercle des économistes. Et je dois dire ici que le journaliste que je suis en a fait l'amère expérience ces dernières années. Mis en examen à douze reprises en 2009, pour avoir raconté le naufrage prévisible des Caisses d'épargne au travers de nombreuses enquêtes sur *Mediapart*, je n'ai guère reçu de soutien de la part d'économistes de banque qui étaient pourtant bien placés – objectivement mieux que moi – pour parler des ravages de la dérégulation bancaire. Pour finir, cette bataille judiciaire, je l'ai gagnée : les dirigeants des Caisses d'épargne ont été contraints de retirer leurs plaintes et ont même été condamnés pour poursuites abusives.

La dérive de Dexia appelle des remarques identiques. Produit de la privatisation de la direction des collectivités locales de la CDC, cette banque est en effet l'un de ces symboles sulfureux de la grande vogue libérale des années 80-90. Symbole d'autant plus sulfureux que l'état-major de la banque, issue d'un pôle public, a découvert avec délectation, lui aussi, les mœurs financières anglo-saxonnes dérégulées. Plus encore que d'autres établissements, Dexia a foncé tête baissée dans le piège américain des produits à hauts risques. On connaît la suite : faisant l'acquisition d'un « rehausseur de crédit », FSA (les Caisses d'épargne en apportant un autre, CIFG, dans sa corbeille de mariage avec les Banques populaires, en vue de la création de Natixis), Dexia s'est subitement trouvée mortellement contaminée par ces produits toxiques, quand la crise bancaire s'est brusquement creusée en septembre 2008.

Paradoxalement, de cette fuite en avant, on ne parle plus que très rarement. Et les responsabilités de ceux qui sont à l'origine de cette folle aventure n'ont jamais été établies officiellement. L'état-major de Dexia a certes été mis sur la touche, dont son P-DG, Pierre Richard, qui a été remplacé par Pierre Mariani, un intime de Nicolas Sarkozy. Mais la sanction a été tout sauf infamante. Il est même de très nombreux cadres dirigeants de Dexia qui poursuivent de formidables carrières, sans que cela leur ait causé la moindre ombre. C'est le cas de Bruno Deletré, qui a été au cœur de l'aventure américaine de Dexia, et que le patron de BPCE, François Pérol, l'ex-collaborateur de Nicolas Sarkozy, a propulsé en juin 2011 à la tête du Crédit foncier. Responsable mais pas coupable… Qu'en pense le président du Cercle des économistes, Jean-Hervé Lorenzi, qui a été coopté au conseil d'administration du même Crédit foncier ? Je ne l'ai jamais entendu parler publiquement du sujet, ni du patron du Crédit foncier…

L'aventure Dexia est d'autant plus grave qu'elle révèle aussi la complaisance de Nicolas Sarkozy à l'égard des banques. Quand il met en œuvre, en 2008, un plan de sauvetage des banques qui leur apporte des fonds propres et des liquidités, mais sans exiger d'elles la moindre contrepartie, il enclenche en effet une machine infernale. Peu après, les banques sont reparties spéculer sur les marchés, et notamment sur les dettes souveraines des États ; dégradées, certaines de ces dettes sont devenues des actifs de plus en plus douteux, qui ont jeté la suspicion sur la solidité de ces mêmes banques. Bref, la folie a repris. La folie, avec en bout de course la véritable mort, en octobre 2011, de la banque Dexia, dépecée en plusieurs morceaux par l'État belge, La Poste française et la Caisse des dépôts. Et un bilan calamiteux pour les contribuables français : plus de 6 milliards d'euros quasiment partis en fumée.

Aussi sympathique qu'il soit, qu'a dit Anton Brender, qui en d'autres temps était étiqueté à gauche, sur le scandale de sa banque ? À ma connaissance, rien. Pas un traître mot. Or, il faut bien en prendre la mesure : le naufrage de Dexia n'est pas un accident. C'est un scandale plus grave encore que celui du Crédit Lyonnais, au début des années 1990. Un scandale d'État, parce que les profits ont été privatisés et parce que maintenant les pertes vont être socialisées. Un scandale qui mériterait la constitution d'une commission d'enquête parlementaire, comme il en exista une dans le cas précisément du Crédit Lyonnais. C'est à cette aune qu'il faut mesurer le silence coupable de nos économistes de banque.

Il existe encore une autre preuve que les économistes de banque sont, à des degrés divers, soumis à l'obligation impérative de ne dire que ce que le très puissant lobby des banques attend d'eux. Une preuve consternante dont aucun média n'a parlé : un économiste de banque connu dans ce microcosme, Jacques Delpla, a dû démissionner de la banque pour laquelle il travaillait après avoir constaté à ses dépens que sa parole n'était pas libre.

Dans le débat économique, Jacques Delpla est pourtant un expert reconnu. Et même une grosse tête. Ancien élève de l'École normale supérieure, diplômé de l'École nationale de la statistique et de l'administration économique (Ensae), agrégé en sciences sociales, il a beaucoup roulé sa bosse : après avoir été conseiller économique du gouvernement russe et travaillé dans l'équipe de l'Américain Jeffrey Sachs à Moscou, il a intégré le cabinet de Nicolas Sarkozy au ministère des Finances en 2004, avant de devenir ultérieurement économiste chez BNP Paribas et membre du Conseil d'analyse économique. Il est donc bardé de diplômes et fort d'une importante expérience.

Mieux encore ! Il a beaucoup fait parler de lui en publiant au début de 2007, avec l'économiste Charles Wyplosz, le livre *La Fin des privilèges* (Éditions Hachette-Télos). Quand, au lendemain de l'accession de Nicolas Sarkozy à l'Élysée, la commission Attali a été installée par le nouveau président, Jacques Delpla a été coopté au sein de cette instance. Jacques Attali a rechigné, mais il n'a eu d'autre choix que d'intégrer l'économiste, alors chez BNP Paribas.

Reprenant les thématiques très libérales de son livre, Jacques Delpla a pris très au sérieux sa fonction de membre de ladite commission, y soumettant de nombreuses mesures de libéralisation. Dans le lot, il suggéra notamment à l'automne 2007 de libéraliser le système français du crédit à la consommation, sous la forme d'un « fichier positif ». Son idée est des plus simples : elle consiste à mettre au point, avec l'accord des autorités publiques, notamment de la Commission nationale informatique et libertés (Cnil), un fichier des clients potentiels auquel pourraient avoir accès tous les établissements spécialisés dans le crédit à la consommation, y compris les nouveaux entrants. En clair, il s'agit de favoriser la concurrence et de limiter les positions dominantes.

Jacques Delpla ne songeait pas une seconde que cette idée allait déclencher une tempête. Dans la commission, il y avait certes une autre personnalité membre de la direction de BNP Paribas, François Villeroy de Galhau, ancien directeur de cabinet de Dominique Strauss-Kahn à Bercy devenu le patron de Cetelem, la filiale spécialisée de la banque dans le... crédit à la consommation, mais l'économiste ne pensait pas à mal. Il avait même la naïveté de croire qu'étant en conflit d'intérêts sur ce sujet, François Villeroy de Galhau ne prendrait pas part au débat au sein de la commission Attali. C'est tout le contraire qui s'est passé. Non seulement l'ancien bras droit de DSK a dit tout le mal qu'il pensait de la mesure, mais il a également alerté la direction de la banque. Résultat : quelques heures avant que la mesure ne soit mise en discussion au sein de la commission, pour y être adoptée ou rejetée, Jacques Delpla a reçu un appel téléphonique de menace du patron des salles de marché de la banque, son supérieur hiérarchique direct. L'oukase était en substance le suivant : « Tu retires ta proposition, sinon cela se passera très mal pour toi »...

Ébranlé, Jacques Delpla a hésité. Son tempérament l'incitait à n'en rien faire. Mais il a craint, dans cette hypothèse, que son entêtement fasse polémique au sein de la commission, et donc aussi à l'extérieur, et que cela finisse par nuire au gouvernement. L'économiste a remisé sa proposition dans sa poche. Quelques mois plus tard, indigné, il finira par démissionner de BNP Paribas.

En somme, c'est d'avoir des convictions qu'a pâti Jacques Delpla. Et de surcroît – ce qui est le paradoxe sous ce gouvernement de droite – des convictions... libérales. C'est dire, *a contrario*, que pour être économiste de banque il faut être, selon la formule à la mode, un peu... bankster !

5

Les VRP de luxe

Il y a donc des économistes qui mélangent un peu trop souvent savoir académique et intérêts privés, grandes idées et petit business. En somme, des économistes qui ont une conception de l'éthique un peu trop… élastique. Mais ce n'est pas pour cela qu'il faut jeter la pierre à tous les économistes de banque, n'est-ce pas ? Dans leur cas, nul parti pris ! Si l'on met de côté les cas particuliers, il faut avoir à l'esprit qu'ils sont astreints à un principe de loyauté envers leur employeur. La loi est ainsi pour tous les salariés et l'on ne peut naturellement leur faire grief de la respecter…

Les banques ont le droit d'avoir des économistes qui les éclairent sur les évolutions du monde ou de leur pays, en même temps que leurs clients. Elles ont le droit d'avoir des économistes qui sont à leur service. S'il y a confusion, c'est que la presse ne fait pas toujours son office. C'est qu'usant du qualificatif d'économiste, qui en vérité recouvre des compétences très différentes les unes des autres, elle présente indistinctement, sous la même appellation, des économistes de banque et des professeurs d'université, des experts qui sont indépendants et d'autres qui ne le sont pas. Et beaucoup d'économistes de banque jouent eux-mêmes de la confusion, pour se parer d'une aura d'intellectuel indépendant qu'ils n'ont pas toujours.

Avant de continuer notre progression dans le maquis des économistes, remettons un peu d'ordre dans cette profession pour le moins composite et risquons-nous à une classification. C'est Philippe Askenazy, économiste à l'École d'économie de Paris, et président de la section « Économie et gestion » du Comité national de la recherche scientifique, qui nous l'a soufflée, et elle apparaît pour le moins pertinente. En résumé, l'appellation d'économiste recouvre trois métiers très différents les uns des autres. Il y a d'abord les économistes de banque, qui sont en France entre 200 et 300. Ensuite viennent les économistes qui dépendent des grandes administrations économiques françaises (Insee, etc.), qui sont environ 500. Pour finir, on dénombre environ 3 500 chercheurs, enseignants-chercheurs ou professeurs dans le monde de l'enseignement supérieur pour les disciplines de l'économie et de la gestion. Pour chacune de ces catégories, les questions d'éthique et de déontologie se posent de manière spécifique.

Dans le cas des économistes de banque, nous l'avons vu, le principe de loyauté s'applique. Et nul ne peut faire grief à un professionnel de cette catégorie de développer des thèses qui soient compatibles avec celles que son employeur attend de lui. Encore faut-il que les économistes de banque parlent bien sous leur vraie casquette et n'utilisent pas un cache-sexe qui puisse duper leur auditoire. L'économiste Michel Aglietta a ainsi l'honnêteté de faire apparaître à la fin de chacun de ses livres qu'il travaille pour Groupama Asset Management. Sans doute peut-on regretter que Michel Aglietta, dont les contributions ont longtemps influencé le débat économique français, ait fini par aller se « vendre » à un établissement financier – lequel établissement financier, nous le verrons plus loin, a fait naufrage au plus fort de la crise – mais il faut admettre que cette transparence l'honore.

Dans le cas des économistes dépendant d'une administration économique française, le principe de loyauté s'applique évidemment de la même façon. Il s'applique certes avec plus ou moins de rigueur : à bon droit, les statisticiens de l'Institut national de la statistique et des études économiques (Insee) défendent ainsi le statut d'indépendance dont jouit leur grande maison – et que les gouvernements successifs, de droite comme de gauche, ont souvent malmenée. Il en va de la qualité et de l'honnêteté de la statistique publique, sans lesquelles le débat économique serait faussé. Mais cette indépendance dont profite statutairement l'Insee vaut pour la production des statistiques publiques – pas pour le débat public. Dans ce cas, le principe de loyauté s'applique là aussi. Imagine-t-on le patron de l'Insee s'inviter dans le débat citoyen pour dire que la politique économique du gouvernement creuse la récession en même temps que les inégalités ? Non, évidemment ! Il faut que les statistiques produites par sa maison soient au-dessus de tout soupçon et il est tenu au devoir de réserve.

Enfin, il y a les gros bataillons des économistes rattachés à un titre ou à un autre au monde universitaire. Dans leur cas, tout peut sembler simple. En théorie, le monde de l'université comme celui de la recherche ne sont guidés que par les principes les plus nobles, ceux de l'excellence et de la liberté. Dans la galaxie complexe des économistes, s'il y en a dont l'indépendance ne peut pas être discutée, ce sont les enseignants ou enseignants-chercheurs. Pas de préjugés ! Pas de fils à la patte ! Ce monde-là, c'est celui du savoir, et par principe, le savoir ne peut être asservi. S'il y a des économistes libres et indépendants, des économistes dont l'honnêteté du propos ne devrait pas générer la suspicion, ce sont ceux-là.

En théorie toujours, la suspicion a d'autant moins de raison d'être que la loi protège ces économistes des conflits d'intérêts auxquels ils pourraient succomber. On l'oublie en effet trop souvent : une cascade de lois et circulaires encadrent les droits et devoirs des fonctionnaires, et donc ceux des universitaires qui relèvent de la fonction publique. Voici le principe général : « Les fonctionnaires et les agents non titulaires doivent consacrer l'intégralité de leur activité professionnelle à leur emploi dans la fonction publique. Ils ne peuvent pas exercer, à titre professionnel, une activité privée lucrative parallèlement à leur activité dans la fonction publique. Toutefois, ils peuvent être autorisés, par leur administration employeur, à exercer, sous certaines conditions, à titre accessoire, une ou plusieurs activités, lucratives ou non, auprès d'une personne ou d'un organisme public ou privé, dès lors que cette ou ces activités ne portent pas atteinte au fonctionnement normal, à l'indépendance et à la neutralité du service public. »

La loi prévoit en particulier que « sont interdites, même si elles sont à but non lucratif », diverses activités dont celle-ci : « la participation aux organes de direction de sociétés ou d'associations à but lucratif ». En revanche, certaines activités sont librement autorisées. Ainsi, les fonctionnaires « peuvent librement produire des œuvres de l'esprit (œuvres littéraires, graphiques, photographiques, compositions musicales…) sous réserve de respecter les règles relatives aux droits d'auteur des agents publics et les obligations de secret et de discrétion professionnels ». Enfin, la loi définit strictement les conditions d'exercice de certaines « activités accessoires soumises à autorisation ». Dans cette catégorie figurent les « expertises ou consultations auprès d'une entreprise ou d'un organisme privé (sauf si cette prestation s'exerce contre une personne publique) ». Dans ce cas, la demande d'autorisation doit préciser « l'identité de l'employeur ou la nature de l'organisme pour le compte duquel l'activité accessoire sera exercée ; la nature, la durée, la périodicité et les conditions de rémunération de cette activité ; si nécessaire, toute autre information complémentaire utile ».

En résumé, un économiste qui est chercheur à l'université ou enseignant-chercheur dont le statut relève de la fonction publique est soumis à des obligations légales très strictes : il peut écrire des livres, mais il ne peut pas siéger au conseil d'administration d'une entreprise privée, et s'il veut avoir une mission de conseil auprès d'une entreprise, il doit en demander l'autorisation à son administration d'origine.

En clair, comme le souligne Philippe Askenazy, nul besoin de charte éthique pour contenir les éventuelles dérives. La loi suffit, si elle est appliquée, dans sa lettre et dans son esprit. Et si des dérives sont constatées, l'État aurait amplement les moyens de faire le ménage pour faire respecter l'éthique qui est inhérente à toute fonction publique.

Seulement voilà : la loi est depuis longtemps piétinée et personne ne s'en soucie. Pas même l'État, qui est en l'occurrence l'employeur. C'est ce qui transparaît très clairement depuis le début de notre récit : l'État ferme les yeux sur des violations de la loi, avec des universitaires qui siègent dans des conseils d'administration innombrables ou qui ont des activités privées si pléthoriques qu'elles laissent perplexe. Ont-elles fait à chaque fois l'objet d'une demande d'autorisation ? De deux choses l'une : soit ce n'est pas le cas, et la loi est clairement enfreinte ; soit c'est le cas, et l'État est évidemment fautif de laisser s'installer une telle pétaudière.

À plusieurs reprises pendant mon enquête, lorsque j'ai demandé à un économiste universitaire pourquoi il prenait la liberté de siéger au conseil d'une entreprise privée, alors que la loi l'interdisait, la réponse a été la suivante : « Parce que tout le monde le fait et que tout le monde se moque, l'État le premier, que la loi soit bafouée… »

Cet inquiétant laisser-aller a une raison plus profonde et plus inadmissible encore : depuis longtemps, les frontières entre les mondes de la banque, de la finance, de la recherche ou de l'université sont devenues floues. Il y a certes des économistes que cette situation agace ou même indigne. Ainsi, pour bien marquer son identité, Thomas Piketty se dit non pas « économiste » mais « chercheur en sciences sociales ». De même, son voisin de bureau à l'École d'économie de Paris, Philippe Askenazy, se déclare « chercheur » tout simplement. Mais, d'une manière générale, le phénomène est accepté sans sourciller. Mais, si entre ces mondes, privé d'un côté, public de l'autre, les frontières sont devenues de plus en plus poreuses c'est parce que les statuts au sein de l'Université sont devenus de plus en plus composites ; parce que le secteur privé – nous y viendrons bientôt – finance des fondations universitaires ou des chaires d'économie ; parce que la filière des masters professionnels fait appel à un corps enseignant qui pour partie vient du privé et que les universitaires ne dépendent donc plus du statut de la fonction publique.

Bref, l'univers autrefois protégé de la recherche ou du professorat universitaire vit un véritable « big-bang ». Et la distinction que j'ai faite depuis le début de ce livre entre économiste de banque d'un côté et économiste académique de l'autre s'avère en réalité de moins en moins pertinente. C'est malheureux, mais c'est ainsi : l'univers académique, celui de la recherche indépendante, est de plus en plus pollué par les mœurs venues du secteur privé et notamment du monde de la finance.

Résultat : dans cet univers où les chercheurs peuvent relever désormais de statuts multiples, un nombre croissant d'économistes fait valoir que la loi ne suffit plus ; qu'il serait judicieux que les organismes de recherche ou d'enseignement supérieur qui abritent des économistes se dotent d'un code de déontologie. Pour que le mélange des genres cesse de prospérer ; pour que les conflits d'intérêts soient prohibés ; pour que l'univers académique reste indépendant ; pour que certaines mœurs parfois détestables du privé ne viennent pas contaminer l'université et la recherche…

L'École d'économie de Paris est l'un de ces lieux où le débat déontologique prend depuis quelque temps une ampleur croissante. Pôle d'excellence, à la pointe de la recherche économique en France, l'école a vu le jour par le rapprochement progressif des laboratoires les plus prestigieux de l'Hexagone, ceux de l'École normale supérieure, de l'École des hautes études en sciences sociales ou encore de la Sorbonne. Et les enseignants-chercheurs qui y travaillent sont parmi les meilleurs de la discipline et ils jouissent d'une exceptionnelle renommée internationale. Parmi eux, on compte des économistes aussi brillants que Daniel Cohen, Thomas Piketty, Philippe Askenazy, François Bourguignon ou encore Bruno Amable. Avec son homologue de Toulouse, l'école, qui est à l'étranger connue sous le nom de « Paris School of Economics », est la « Rolls » française de la recherche et de l'enseignement de l'économie.

Mais elle est aussi, précisément, l'un de ces lieux composites où tous les chercheurs ne disposent pas du statut public. D'où ce débat, qui s'installe, en faveur d'un code éthique. Des économistes comme Thomas Piketty ou Philippe Askenazy y sont favorables. C'est aussi le cas de l'économiste Romain Rancière qui est à l'origine de ce débat au sein de l'École d'économie de Paris. Au printemps 2011, il a saisi la direction de l'école, la pressant de mettre en chantier un code de déontologie. Et le directeur de l'école, François Bourguignon, lui a donné son accord. Des concertations ont été engagées pour qu'un tel code voie le jour. Au premier trimestre 2012, elles n'avaient toujours pas abouti.

Romain Rancière s'est expliqué sur cette initiative à l'occasion d'un entretien dans *Marianne* (15-21 octobre 2011). Sous le titre « Vite, une charte déontologique pour les économistes », il déclarait notamment : « Avec la crise de 2007-2008, il est apparu évident que le débat public était biaisé. Un nombre important d'experts qui se présentaient sous leur seule casquette de professeur ne se contentaient pas d'exprimer un jugement universitaire, mais relayaient les intérêts particuliers de leur autre employeur, les établissements financiers [...] Le modèle, c'est la médecine : les liens entre universitaires et laboratoires polluent les politiques de santé publique. Idem en France quand s'est posée la question de la recapitalisation des banques. Dans ce débat a été très présent le Cercle des économistes, lequel compte des personnalités du monde académique qui travaillent pour les banques. Dès lors, d'où parlent-ils : depuis leur chaire ou leur fauteuil de banquier ? Il est important que le public soit au fait du conflit d'intérêts potentiel qui existe. »

C'est une prise de position de principe, claire et nette. Mais c'est également, en creux, une mise en cause de l'économiste français le plus connu de sa génération : Daniel Cohen, l'une des grandes figures de l'École.

En effet, les économistes de banque ou les demi-mondains du Cercle des économistes ne sont pas les seuls à avoir la détestable habitude de mettre les mains dans le pot de confiture. Certains très grands noms de l'Université sont depuis peu mis en cause pour ne pas établir de ligne de démarcation claire et transparente entre leur profession académique et leurs activités privées. Et Daniel Cohen est l'un de ceux-là.

Pour le grand public, s'il y a bien un économiste talentueux en France, c'est lui, plus que tout autre. Esprit fin et chaleureux, formidablement cultivé et curieux, Daniel Cohen qui enseigne sa discipline à l'École normale supérieure est un auteur prolifique et à succès. C'est qu'il est aussi doué d'un sens didactique hors du commun, qu'il sait expliquer en langage simple un problème complexe. Par conséquent, il est lui aussi l'un des économistes les plus recherchés par les médias. À l'écouter ou à le lire, on a soudainement le sentiment de devenir intelligent.

À ce propos, je voudrais livrer ici un souvenir personnel. Devenu chef du service économique de *Libération*, au début des années 90, j'ai eu le sentiment, avec d'autres confrères de ma génération, comme Pascal Riché (aujourd'hui à *Rue89*), que l'économie souffrait de traitements souvent trop spécialisés dans la presse. Confinées fréquemment dans des rubriques pour un lectorat initié, en fin de journal, les pages économiques étaient le plus souvent hermétiques. À quelques-uns, nous nous sommes appliqués à offrir de l'économie un autre visage. Moins abscons et plus intelligible. Le visage non pas de l'économie pour hyperspécialistes, mais celle de l'économie politique, à usage des citoyens.

Avec Pascal Riché, nous avions ainsi enrôlé quatre économistes, pour qu'ils tiennent des chroniques régulières dans *Libération* sous une rubrique (qui existe toujours) que nous avions baptisée « Économiques » : il s'agissait de l'universitaire Charles Wyplosz, du président de l'Observatoire français des conjonctures économiques (OFCE) Jean-Paul Fitoussi, de Patrick Artus et de... Daniel Cohen, qui à l'époque n'était pas encore très connu. Lorsque j'ai quitté ce journal pour *Le Monde*, fin 1994, j'ai proposé à Jean-Paul Fitoussi et à Daniel Cohen de m'y suivre. Ils ont alors commencé à tenir des analyses régulières dans cet autre journal avant d'y devenir chroniqueurs associés. C'est dire que, moi aussi, j'ai très tôt été un lecteur assidu et passionné de Daniel Cohen.

Pourtant, il faut dire les choses telles qu'elles sont : pour brillant et passionnant qu'il soit, Daniel Cohen ne donne pas, lui non plus, le bon exemple ! En effet, outre ses fonctions académiques, il poursuit une autre activité dont il ne fait pas mention publiquement – ni sur son curriculum vitae public ni dans ses livres : il est rémunéré par la banque Lazard en qualité de « *senior adviser* ».

Il y a certes une explication : la dette est la grande spécialité de Daniel Cohen. Il y a consacré très tôt une grande partie de ses travaux académiques, et est devenu l'un des meilleurs spécialistes au monde. Agrégé de mathématiques, il était à l'origine un spécialiste de l'endettement des pays du Sud et progressivement des dettes souveraines des États. Sur le sujet, il a publié de nombreuses études qui faisaient autorité dans les années 80 et 90, dont certaines ont été réalisées en collaboration avec Jeffrey Sachs, grande figure de l'économie du développement aux États-Unis. Logiquement, il a fréquemment été sollicité par de nombreux gouvernements pour donner son expertise. Tout aussi logiquement, quand la Grèce s'est enfoncée dans une crise sans fond d'endettement, le gouvernement de ce pays a souhaité s'entourer des conseils de Daniel Cohen.

Voilà la présentation avantageuse des choses : assez naturellement, la banque Lazard, qui a une activité de conseil aux gouvernements – activité qui s'est fortement développée avec la crise des dettes souveraines –, a fait tandem avec l'économiste. Les relations d'amitié ont fait le reste : très proche de Dominique Strauss-Kahn, Daniel Cohen est aussi très lié à Matthieu Pigasse, qui était son directeur adjoint de cabinet au ministère des Finances, avant de devenir associé-gérant chez Lazard. Lequel Matthieu Pigasse est devenu le patron de la filiale française de la banque d'affaires et gère précisément le dossier de l'activité conseil aux gouvernements pour la crise des dettes souveraines. Bref, un concours de circonstances a joué pour que se forme ce tandem Cohen-Pigasse.

Il y a néanmoins une présentation moins glorieuse de l'histoire. Il faut en effet avoir à l'esprit la place occupée par la banque d'affaires Lazard en France. C'est de très longue date, avec la banque Rothschild, l'établissement fétiche du capitalisme parisien. Et pour jeune qu'il soit, Matthieu Pigasse, qui est entré chez Lazard par l'entremise d'Alain Minc, est représentatif de la nature de cet établissement. Jeune oligarque richissime, il a fait fortune sitôt après avoir quitté ses fonctions de directeur adjoint au ministère des Finances, d'abord sous Dominique Strauss-Kahn, puis sous Laurent Fabius. Banquier conseil de l'ex-patron des Caisses d'épargne, Charles Milhaud, il a gagné des mille et des cents notamment en participant à la création de la banque Natixis. Depuis, la sulfureuse banque d'investissement a fait naufrage, gorgée qu'elle était de produits toxiques, mais le jeune banquier, lui, est toujours assis sur un petit tas d'or.

C'est donc dans une drôle de petite cour de récréation que Daniel Cohen a pris le risque de pénétrer. Et il n'a pas mis qu'un pied dans la porte, il y est complètement entré. Ainsi, travaillant en tandem avec Matthieu Pigasse sur la Grèce, il a accepté de devenir membre du conseil de surveillance du groupe Le Monde, au moment précis où celui-ci a perdu son indépendance pour devenir la propriété – ou le jouet ? – de trois oligarques milliardaires : le patron de Free Xavier Niel, le fondateur de Saint Laurent Pierre Bergé et… Matthieu Pigasse !

Voilà le monde que Daniel Cohen a accepté de côtoyer. Un monde très éloigné des sphères académiques, mais au cœur de tous les grands « deals » concoctés à Paris. Car Matthieu Pigasse est aussi le banquier conseil qui a participé à d'innombrables fusions-acquisitions (GDF Suez, Nexity-Caisse d'épargne…), touché à tous les grands dossiers du CAC 40 (EADS, PSG, Carrefour, Accor…), joué l'officier traitant de très nombreux fonds (Colony Capital…).

Le risque pris par Daniel Cohen est d'autant plus grand que la banque Lazard n'agit évidemment pas en qualité de mécène en Grèce, pas plus que dans les autres pays où elle intervient. Conseil financier d'un gouvernement qui a mis en branle des plans d'austérité draconiens, supportés y compris par les plus pauvres, la banque d'affaires française, qui mène des missions similaires dans une ribambelle d'autres pays, y a trouvé une mine d'or. Certes, la banque n'aime guère faire étalage de ses gains, mais quelques chiffres ont tout de même filtré, grâce à des indiscrétions. Selon le site d'information financière Wansquare (4 juillet 2011), souvent très bien informé, « la banque Lazard Frères (c'est-à-dire la seule activité de banque d'affaires exploitée à Paris par Lazard) a vu son chiffre d'affaires progresser de 18 % l'an passé, à 132 millions d'euros » pour la seule année 2010. Explication : « Cette évolution très favorable s'explique (à hauteur des deux tiers de la croissance réalisée) par les revenus importants issus de l'activité "conseil aux gouvernements". Ceux-ci sont passés en un an de 10,1 millions d'euros à 23 millions. Pendant ce temps-là, les commissions sur fusions et acquisitions n'ont augmenté que de 6,4 millions d'euros, tout en restant, bien sûr, l'activité principale de la maison, avec un chiffre d'affaires annuel de 106 millions d'euros. Ce sont naturellement les conseils aux gouvernements grecs qui ont constitué l'essentiel de cette activité, au cours de l'année 2010. Matthieu Pigasse a pris en main lui-même ce dossier, au plus fort de la crise grecque au mois de mai de l'année dernière avec le soutien, notamment, de l'économiste Daniel Cohen, *senior adviser* de Lazard Frères. »

En clair, les revenus de Lazard « issus de l'activité conseil aux gouvernements » ont atteint 23 millions d'euros en 2010, en hausse de 13 millions d'euros, et ce pour l'essentiel grâce au travail de Matthieu Pigasse et de Daniel Cohen en Grèce. Ces chiffres sont incontestables :

ils figurent dans les comptes de Lazard, tels qu'ils ont été déposés au greffe du tribunal de commerce de Paris.

Conclusion de Wansquare : « L'ensemble des charges de structure de la banque n'ayant guère évolué d'une année sur l'autre, cette hausse du chiffre d'affaires a eu un effet immédiat sur le résultat courant avant impôt, qui est passé d'une perte de 4,3 millions d'euros en 2009 à un bénéfice de 18,1 millions en 2010. Quant au bénéfice net, il s'est élevé à 11,2 millions d'euros, au lieu d'une perte nette de 2,4 millions en 2009. »

Ces chiffres laissent penser que pour 2011, la crise de la dette ne cessant de se creuser, Lazard a engrangé encore plus d'argent en Grèce. Et le filon n'est pas près de se tarir, car si l'activité de conseil financier est rémunératrice, celle de banquier conseil pour des privatisations l'est plus encore. La banque Lazard peut ainsi rêver d'amasser des fortunes encore plus considérables, sur le dos du peuple de ce pays. La question vient immanquablement à l'esprit : la banque Lazard qui gagne autant d'argent en Grèce a accepté de débourser quelle somme pour s'adjoindre les services d'un économiste aussi brillant et réputé que Daniel Cohen ? Plusieurs centaines de milliers d'euros par an ? Plusieurs millions ?

Daniel Cohen s'offusque que l'on puisse lui poser semblable question. Alors que nombre de ses confrères de l'École d'économie de Paris préconisent une charte éthique imposant une publicité des rémunérations des chercheurs, avec la part venant du public et la part venant du privé, l'économiste argue qu'il s'agit d'un problème privé. Interrogé par mon confrère Ludovic Lamant, pour une enquête de *Mediapart* (27 septembre 2011), il s'est borné à lui transmettre cette réponse en forme de non-recevoir : « C'est un faux procès. Mes travaux universitaires portent depuis très longtemps sur l'endettement des États. J'ai toujours combiné en ce domaine études théoriques et travaux pratiques, en ayant travaillé par exemple pour la Banque mondiale au plan de désendettement des pays pauvres. Quand Matthieu Pigasse m'a proposé de travailler sur ces sujets pour la banque Lazard, j'ai jugé que c'était une opportunité extraordinaire de conseiller directement les États en difficulté. J'ai par exemple travaillé avec le président de l'Équateur, Rafael Correa, après sa décision (en 2009 – NDLR) d'annuler de manière unilatérale la dette de l'Équateur. C'est un travail passionnant, complémentaire à mes activités universitaires. J'en suis très fier. » L'économiste n'a pas souhaité aller au-delà. En particulier, Daniel Cohen n'a pas voulu dire à *Mediapart* le pourcentage de ses rémunérations liées au secteur privé.

Quand j'ai voulu le rencontrer pour débattre avec lui de mon enquête pour ce livre, j'ai trouvé porte close : je n'ai pas même pu lui exposer quelles étaient mes curiosités. En clair, Daniel Cohen ne veut donner aucun détail sur cette autre activité professionnelle qu'il conduit, celle de « *senior adviser* » chez Lazard, ni sur les gains que cela lui procure. Le profil de cette activité n'a pourtant rien de mystérieux. Les grandes banques, et tout particulièrement les grandes banques d'affaires, enrôlent souvent des *senior advisers*, qu'elles rémunèrent grassement, soit avec une rémunération fixe, soit avec des primes liées à chaque opération conduite, le plus souvent avec ces deux types de rémunération. Pour ces établissements, il s'agit de s'attacher les services et les conseils d'une personnalité très connue, pour convaincre ses clients de l'efficacité de ses prestations. Le *senior adviser* est aussi un argument publicitaire, pour une banque d'affaires. Un exemple : la banque Rothschild, rivale de Lazard, s'est adjoint les services de l'ancien patron de la Société Générale Daniel Bouton en qualité de *senior adviser*, une personnalité contestée en France mais jouissant d'une très forte réputation à l'étranger. En règle générale, un *senior adviser* occupe, si l'on peut dire, un temps partiel pour la banque d'affaires qui l'emploie : l'équivalent d'un à deux jours de travail par semaine, parfois un peu plus, parfois un peu moins. Le plus souvent ses primes sont comprises entre 15 et 30 % des honoraires que la banque perçoit grâce à l'opération concernée. C'est dire, dans tous les cas de figure, que Daniel Cohen a dû percevoir un pactole de son employeur privé.

Combien précisément ? L'économiste refusant de me répondre et de me rencontrer, j'ai peiné à trouver des réponses précises. Mais je suis parvenu à percer une bonne partie du mystère. Selon deux très bonnes sources auxquelles j'ai pu avoir accès, et dont j'ai pu corroborer les informations, Daniel Cohen dispose d'un contrat de *senior adviser* chez Lazard depuis au moins sept ans, c'est-à-dire bien avant que la crise grecque n'éclate, aux termes duquel il perçoit une rémunération fixe et une part variable. Cette rémunération fixe est actuellement proche de 500 000 dollars par an. Autrement dit, cette part fixe est à elle seule huit à dix fois supérieure à ce que perçoit un professeur d'université en fin de carrière. Et la part variable approcherait 15 à 20 % des affaires que Daniel Cohen apporte à Lazard.

Or, selon les mêmes sources, Daniel Cohen joue un rôle majeur pour la banque Lazard. Contrairement à ce qui est souvent suggéré, il n'apporte pas un petit « plus » à Lazard, dans ses activités de conseil aux gouvernements, qui inciterait ces derniers à passer contrat avec cette banque plutôt qu'avec ses concurrentes. Non ! Daniel Cohen, c'est l'atout maître : si les pays en crise font appel à Lazard, ce n'est pas pour les compétences de Matthieu Pigasse, mais bien pour celles de Daniel Cohen. Sans lui, pas de contrat… Si la banque Lazard a enrôlé voici plusieurs années l'économiste, c'est parce qu'il est un formidable argument publicitaire pour décrocher des contrats. Dans la gestion de la crise de la dette, avoir un économiste comme Daniel Cohen, qui a ses entrées au FMI depuis de longues années, présente pour un gouvernement et la banque d'affaires qui travaille pour lui un formidable avantage : c'est la garantie d'être, si l'on peut dire, des deux côtés de la barricade.

Il s'est instauré entre Daniel Cohen et Matthieu Pigasse un étonnant jeu de rôles. Commençant à travailler pour Lazard, et lui faisant gagner des fortunes, l'économiste a exigé que son contrat ne soit pas ébruité. « C'est l'un des secrets les plus jalousement gardés de la banque », admet un associé gérant de l'établissement. Mais dans le même temps, sorte d'Alain Minc au petit pied, ou de mini-Jean-Marie Messier sur papier glacé, Matthieu Pigasse, lui, a très vite recherché à se mettre le plus possible sous les feux de l'actualité. Résultat, tout le monde a beaucoup parlé du rôle (mineur) de Matthieu Pigasse par exemple lors de la crise grecque ; et l'on a assez peu parlé de celui (majeur) de Daniel Cohen. Les deux amis ont trouvé leur compte dans ce jeu de rôles trompeur.

La vérité, pourtant, c'est que si les revenus de Lazard liés aux conseils ont atteint 23 millions d'euros en 2010, en hausse de 13 millions d'euros, c'est d'abord à Daniel Cohen que la banque le doit. Quel est le montant des honoraires variables que l'économiste a perçu comme apporteur d'affaires – comme on dit dans l'affreux jargon de la banque ? Selon mes sources, la rémunération totale dc l'économiste serait, selon les années, comprise entre 1 et 2 millions d'euros. En clair, Daniel Cohen aurait une rémunération totale beaucoup plus proche d'un P-DG du CAC 40 que de celle, misérable par comparaison, d'un professeur d'université.

Et la Grèce, on l'a vu, n'est que le contrat le plus récent et le plus visible de Lazard. Les deux mêmes, Daniel Cohen et Matthieu Pigasse, ont aussi fait équipe dans les mêmes conditions en Argentine, en Équateur et semble-t-il aussi au Kazakhstan et en Côte-d'Ivoire.

L'économiste ne comprend-il pas, en se lançant dans de telles aventures avec Lazard mais jouant de la sorte la carte du secret, qu'il se porte tort à lui-même ? Car c'est son image d'économiste brillant qui en est du même coup affectée. Mais cela va bien au-delà. Car Daniel Cohen occupe de nombreuses autres fonctions. Il est par exemple président du conseil d'orientation scientifique de la Fondation Jean-Jaurès, un « think tank » socialiste animé depuis longtemps par les proches de Dominique Strauss-Kahn. Par le biais de l'économiste, voilà d'un seul coup le grand Jean Jaurès associé, si l'on peut dire, à son exact contraire, la banque Lazard. Et, comme en écho à ce triste télescopage, on en vient immanquablement à se souvenir du combat de Jean Jaurès contre les milieux d'argent, qu'il exécrait, et au-delà contre le capitalisme : « Entre cette société qu'on appelle régulière et polie, d'une part, et d'autre part, tous ces déshérités qui vivent sans pain, sans foyer, sans lendemain, au hasard des embauchages et des renvois, l'ordre capitaliste a creusé un tel abîme que, pour surprendre les pensées criminelles qui peuvent germer dans les cerveaux des misérables, il est obligé d'avoir recours précisément à ses compagnons de misère. C'est ainsi que vous êtes obligés de recruter dans le crime de quoi surveiller le crime, dans la misère de quoi surveiller la misère et dans l'anarchie de quoi surveiller l'anarchie », s'indignait-il par exemple le 30 avril 1894 devant la Chambre des députés.

Selon moi, dans cette affaire Lazard, ce n'est pas seulement sa crédibilité personnelle d'économiste indépendant, qu'il joue – crédibilité qui est grande. C'est aussi, et c'est cela le plus grave, celle des institutions prestigieuses qui l'abritent, dont l'École normale supérieure et l'École d'économie de Paris.

Ce grief-là, que l'on peut formuler contre Daniel Cohen, n'est pas le seul – même si c'est le plus grave. Courant micros et caméras, il s'est visiblement laissé, en certains moments, griser par les sunlights de l'actualité, délaissant la recherche pour la gloire éphémère des médias. On l'a ainsi vu, tristement, jouer parfois les gourous au lieu de rester sur le terrain solide qui était le sien, celui de l'intellectuel avisé. À trop donner d'entretiens dans la presse, à trop multiplier les interventions médiatiques, c'est le risque que l'on encourt, et Daniel Cohen s'y est exposé. Témoin cette prophétie malheureuse dans le magazine *Capital* (septembre 2008, nº 204) sous le titre « La crise ne durera pas » : « Nous allons en effet vivre une année horrible, jusqu'à mi-2009 la croissance sera nulle ou quasi nulle [...] La bonne nouvelle c'est que cela ne durera pas plus longtemps. »

On attend toujours la « bonne nouvelle » que Daniel Cohen avait pressentie. Et l'on se prend à penser qu'en jouant de la sorte les marabouts, les plus grands intellectuels abîment leur talent. Tout comme ils perdent leur identité en fréquentant assidûment les salons parisiens, ceux du Siècle notamment, dont sont membres Daniel Cohen ou Christian de Boissieu.

Tant qu'il voudra considérer, à tort je pense, que cela relève de sa vie privée, tant qu'il ne voudra pas s'en expliquer, Daniel Cohen traînera ses relations avec la banque Lazard comme un boulet. Comme une tache sur une carrière jusque-là remarquable. Comment un esprit aussi fin peut-il ne pas le comprendre ? L'alliance du monde de l'argent, dans ce qu'il a de plus arrogant et de plus opaque, et du monde de l'intelligence et de l'université, dans ce qu'ils ont de plus noble : on aimerait que Daniel Cohen se ressaisisse, qu'il admette – après tout c'est respectable – qu'il a fait fausse route. On aimerait en somme que compte tenu de sa notoriété, compte tenu de son talent, Daniel Cohen soit aux avant-postes du débat en faveur de nouvelles règles déontologiques dans les domaines de l'économie.

Or, force est de constater que ce n'est pas le cas : loin d'être à la pointe de ce combat éthique, Daniel Cohen est à l'arrière-garde. C'est triste mais c'est ainsi : le plus brillant des économistes français n'a pas pris, ou n'a pas voulu prendre, la mesure des enjeux d'indépendance qui sont au cœur actuellement du débat économique.

Il est advenu ce qui était prévisible : Daniel Cohen est devenu une cible commode. Alors qu'il conseillait, à l'automne 2011, Martine Aubry pour la primaire socialiste, il a ainsi été pris à partie par Jean-Pierre Jouyet, l'ami de François Hollande, qui a trahi la gauche pour se rallier à Nicolas Sarkozy, et qui est en passe de faire pour 2012 le chemin inverse. Président de l'Autorité des marchés financiers (AMF), il a critiqué le 13 septembre 2011 au micro de France Info l'idée de Martine Aubry de créer une banque européenne d'investissement, en faisant valoir qu'elle n'était pas pertinente car elle lui avait été soufflée par des conseillers qui barbotaient en fait en plein conflit d'intérêts : « Pour ceux qui conseillent la Grèce et notamment les banques conseils de la Grèce – et qui peuvent aussi conseiller également des responsables politiques –, je conçois qu'ils aient intérêt à avoir une banque publique européenne qui émette des euro-obligations », s'était-il moqué. Avant d'ajouter que s'il « était conseiller du gouvernement grec, et payé par lui », il ferait de même… Jean-Pierre Jouyet n'a pas cité ce jour-là le nom de Daniel Cohen, mais tout le microcosme a compris que c'est lui qui était visé. Lui, parce qu'il a pris le risque inconsidéré de s'associer à la banque d'affaires la plus symbolique du vieux capitalisme à la française.

Le patron de l'économie à l'École normale supérieure sait d'autant mieux que sa position est inconfortable qu'il se déplace fréquemment aux États-Unis, où un très vaste débat a pris de l'ampleur à la faveur de la crise sur la responsabilité des économistes et l'éthique qui devrait être la leur. Un article du *New York Times* (6 janvier 2011), diffusé en France par *Courrier international*, a eu en particulier un fort retentissement. Intitulé « Les économistes en quête d'un code éthique », il expliquait : « Les économistes universitaires, en particulier ceux qui participent aux débats de Washington et de Wall Street, font actuellement l'objet d'une surveillance plus étroite en ce qui concerne leurs activités annexes. Réagissant aux critiques, les dirigeants de l'Association américaine d'économie (AEA), la plus grande organisation professionnelle dans ce domaine au monde, avec 17 000 membres, envisagent d'adopter, comme l'ont déjà fait depuis longtemps la plupart des autres professions, un code d'éthique. »

Certains universitaires estiment que ce débat n'a que trop tardé. « Je suis heureux que l'AEA examine la question », affirme ainsi Dale W. Jorgenson, un ancien président de l'Association qui a longtemps enseigné à Harvard, qui ajoute : « J'espère qu'elle adoptera une position militante. » Pour lui, il faudrait « suivre l'exemple des sciences biomédicales, où les fonds en provenance du secteur privé sont soumis à des règles de transparence très rigoureuses », ajoutait encore le *New York Times*.

Mais, aux États-Unis, l'onde de choc de la crise financière a été encore plus violente que cela. Non seulement les prises de position en faveur d'un code de déontologie se sont multipliées, mais aussi des institutions qui n'avaient pas de code en ont mis au point et les pratiques de beaucoup d'économistes ont commencé à évoluer.

L'un des plus importants organismes (privés) de recherche économique, le National Bureau of Economic Research (NBER), demande ainsi à ses contributeurs de se soumettre à un code déontologique, qui est affiché sur son site Internet. Le premier des principes est d'une simplicité biblique : « La politique de transparence du NBER repose sur le fait qu'en règle générale, il est de l'intérêt des auteurs, des lecteurs et du NBER que les chercheurs révèlent les soutiens qu'ils ont obtenus pour conduire leur travail, et les clauses financières de ces soutiens. »

Et quand on se promène sur les blogs personnels de nombreux économistes américains, on relève désormais presque systématiquement un onglet « *outside activities* » (activités extérieures) dans lequel l'expert révèle les activités annexes qu'il a, en dehors de sa chaire à l'université. Depuis la crise et les compromissions qu'elle a révélées, de nombreux économistes ont compris qu'il était de leur intérêt d'apporter la preuve de leur intégrité. Professeur à Harvard, John Campbell révèle ainsi l'intégralité de ce qu'il fait en dehors de l'université : les conférences qu'il tient, les revues auxquelles il participe, son activité au sein d'un fonds d'investissement dénommé Arrowstreet Capital. Également à Harvard, l'économiste David Cutler détaille, lui, les livres qui lui procurent ses droits d'auteur ainsi que les relations financières qu'il a eues avec Novartis Espagne ou le Congrès mondial de la santé. On pourrait citer bien d'autres exemples…

Le mouvement a été si fort que même en France des codes de déontologie ont commencé à voir le jour. Un seul exemple, et il est paradoxal : alors que l'École d'économie de Toulouse – nous le verrons bientôt – est beaucoup plus proche du monde de la finance et en a copié dans son fonctionnement certaines pratiques, elle s'est pourtant dotée d'un code de déontologie, bien avant que cela ne fasse débat au sein de l'École d'économie de Paris, pourtant réputée ancrée à gauche.

Intitulé « *Statement on scientific integrity* » (Règles de l'honnêteté scientifique), ce code de déontologie peut être consulté sur le site Internet de l'institution. Ses clauses sont très rigoureuses. Elles édictent d'abord ceci : l'École d'économie de Toulouse « accepte que ceux qui la financent aussi bien que ceux qui profitent de ses services, et plus généralement le grand public, ont le droit légitime de connaître toute information qui pourrait biaiser une étude ». Après cet énoncé général, une série très longue d'obligations sont énumérées, que doivent impérativement respecter les économistes travaillant pour l'école. En particulier, ils sont soumis à l'exigence de « publier sur leur blog, en l'actualisant en fin d'année, la liste de tous les financements qu'ils peuvent recevoir dépassant la somme de 5 000 euros ».

Tous les chercheurs et économistes de l'École d'économie de Toulouse ont ainsi reçu en décembre 2011 un mail confidentiel de la direction les enjoignant de transmettre avant le 23 du même mois une déclaration détaillant leurs sources de revenus extérieures, dans la perspective d'une mise en ligne sur le site Internet de l'école. Et, en guise de *vade-mecum*, la direction de l'école donnait pour exemple dans ce mail les déclarations encore confidentielles que le *board* de Toulouse School of Economics (TSE) s'apprêtait à faire. Les économistes de Toulouse ont ainsi appris que leur directeur scientifique, Jacques Cremer, avait conduit des études rémunérées, en partenariat avec Microsoft, Nokia, France Télécom, Gaz de France, Crédit Agricole, Intel ou encore Pfizer ; que le directeur des programmes d'enseignement, Patrick Fève, avait conduit des études en partenariat avec Areva, Orange, la Banque de France ou encore la Caisse des dépôts ; ou encore que Jean Tirole, le président, avait conduit des études en partenariat avec l'European Research Council depuis 2010, le Massachusetts Institute of Technology depuis 2006, et la National Science Fondation depuis 2010.

Daniel Cohen est parfaitement au courant de ces avancées. Et pourtant, lui ne fait pas la moindre publicité sur ses liens avec la banque Lazard. De nombreux économistes de l'École d'économie de Paris condamnent ses ménages avec la banque Lazard. Plusieurs de mes interlocuteurs à l'École d'économie de Paris se sont dits au mieux gênés au pire scandalisés par l'attitude de Daniel

Cohen. Il s'en trouve même de plus féroces qui lui reprochent d'avoir entretenu un lien de proximité très long avec Dominique Strauss-Kahn et de s'être accommodé des connivences que ce dernier, bien avant d'être au FMI, entretenait avec des milieux financiers pas franchement progressistes.

Il n'est, certes, pas le seul, dans la catégorie des économistes les plus réputés, à s'être placé dans cette embarrassante posture. Faut-il établir le triste palmarès de ceux qui ont suivi cette « mauvaise pente » ? Dans ce cas, il faudrait tout aussi malheureusement y classer Jean-Paul Fitoussi, le président de l'Observatoire français des conjonctures économiques (OFCE), un organisme public prestigieux qui a souvent joué un rôle majeur dans le débat économique français. Alors que, par conviction ou par allégeance, beaucoup d'économistes se sont convertis aux thèses libérales dans les années 80 et 90, l'OFCE a été un pôle de résistance. D'autres écoles économiques ont pu y trouver refuge, et au premier chef l'école néokeynésienne. Et pendant longtemps, Jean-Paul Fitoussi, néokeynésien lui-même, a défendu sa maison.

Cette histoire-là est, certes, le produit du hasard. C'est en effet Jean-Marcel Jeanneney, à la demande de Raymond Barre, qui est à l'origine en 1981 de la fondation de l'OFCE. D'emblée, il a eu l'intelligence de faire de cet organisme non pas une excroissance aux ordres de l'État, un organisme économique croupion et desséché, mais une institution vivante. Ancien ministre du général de Gaulle et membre du Comité Rueff-Armand, il est imbibé de culture colbertiste et a enrôlé dans l'aventure dès ses débuts de fortes personnalités – une grande figure de l'Insee, Philippe Cigogne, Pierre-Alain Muet (qui créera ultérieurement le CAE) et Jean-Paul Fitoussi.

Trente ans plus tard, la jeune génération des économistes de l'OFCE, incarnée par Xavier Timbeau ou Éric Heyer, témoigne de la vivacité de cet Observatoire, qui demeure très productif et n'a jamais été ni normalisé ni happé par les cercles de la « pensée unique »…

Cependant, au fil des ans, Jean-Paul Fitoussi, lui, a évolué. Certes, nul ne peut lui faire grief d'avoir participé à la grande opération de communication organisée par l'Élysée, autour de la Commission Stiglitz, chargée d'établir des indicateurs de performance économique et de bien-être plus performants que le bon vieux PIB (produit intérieur brut). Lorsqu'on est président d'un organisme financé sur fonds publics, comme l'OFCE, on ne peut naturellement pas décliner une telle proposition, émanant de la plus haute autorité de l'État. Surtout quand quelques-uns des plus grands économistes de la planète y sont associés, dont deux Nobel, Joseph E. Stiglitz et Amartya Sen.

Mais Jean-Paul Fitoussi ne s'est pas contenté de cultiver de bonnes relations avec Nicolas Sarkozy. Il a agi exactement de la même manière avec certains de ses ministres, même les plus controversés.

Ainsi, après avoir beaucoup aidé Éric Besson, du temps où il était secrétaire national du Parti socialiste chargé des études économiques, Jean-Paul Fitoussi a conservé une grande proximité avec lui lorsque celui-ci a trahi la gauche pour se rallier au camp de Nicolas Sarkozy. Et quand Éric Besson est devenu ministre de l'Immigration et de l'Identité nationale, enfourchant allégrement les thématiques de l'extrême droite et stigmatisant les populations immigrées, Jean-Paul Fitoussi a continué, imperturbablement, ses mondanités.

Pour faire son autopromotion et tenter de corriger un peu son image, Éric Besson a ainsi voulu organiser le 4 mai 2009 un « dîner citoyen » *(sic !)* avec une quarantaine de Français d'origine tunisienne ou nés en Tunisie ayant apporté à la France une contribution remarquable dans des secteurs aussi divers que l'entreprise, les sciences, la littérature, l'art, le spectacle, la communication ou le sport. L'initiative a aussitôt fait polémique, le maire socialiste de Paris annonçant par exemple qu'il ne s'y rendrait pas. Jean-Paul Fitoussi, lui, n'a pas éprouvé de scrupules, pas plus que Daniel Cohen d'ailleurs.

Quelques semaines plus tard, Jean-Paul Fitoussi a même repris contact avec son ami Éric Besson afin de lui demander de remettre personnellement la Légion d'honneur à l'économiste américain Edmund Phelps. Le 29 juin 2009, Éric Besson s'est exécuté avec une joie non dissimulée, précisant dans son discours : « Quand Jean-Paul demande, je sais que je n'ai pas intérêt à décliner. »

Jean-Paul Fitoussi n'a également eu de cesse de multiplier les entretiens dans la presse pour chanter les louanges de la politique économique de Nicolas Sarkozy. Ainsi, en janvier 2010, participant aux côtés de son ami Éric Besson à la deuxième édition du colloque « Nouveau monde, nouveau capitalisme », le patron de l'OFCE a tranquillement déclaré dans un entretien à *La Tribune* (7 janvier 2010) : « Le président de la République a su faire preuve de vision et de pragmatisme, notamment au cours de la présidence française de l'Union européenne qui a coïncidé avec le plus fort de la crise. »

Pour justifier cette attitude, il fait valoir dans sa maison que les ronds de jambe devant Nicolas Sarkozy, les risettes devant Éric Besson sont destinés à défendre l'OFCE. C'est bien connu, c'est le ministre de l'Immigration et de la stigmatisation des étrangers qui distribue les crédits publics pour la recherche économique aussi bien que pour la Fondation nationale des sciences politiques à laquelle l'OFCE est rattachée...

Mais il y a plus grave encore car Jean-Paul Fitoussi, lui aussi, a fait ses « ménages ». Au début, personne n'y a rien vu car cela a commencé comme une mission officielle. En sa qualité de président de l'OFCE, Jean-Paul Fitoussi a, en effet, on l'a dit, été coopté au sein de la commission Stiglitz en janvier 2008. Un an et demi plus tard, la commission dont Jean-Paul Fitoussi était le coordinateur a remis son rapport au chef de l'État, lors d'une journée à la Sorbonne. Fin de la mission officielle mais... pas fin du travail pour Jean-Paul Fitoussi qui, s'appuyant en partie sur ces travaux, est entré discrètement quelques mois plus tard au sein du conseil d'experts du Centre Barilla pour la nourriture et l'alimentation. Cet organisme qui se présente comme un « think tank » désintéressé est en réalité une officine publicitaire du groupe agroalimentaire italien. Notre économiste français s'est transmuté du jour au lendemain en homme-sandwich au travers d'innombrables colloques un peu partout en Europe, soi-disant pour contribuer à de nouvelles réflexions sur le bien-être et l'alimentation. Dans les faits, pour assurer la promotion du fabricant italien de pâtes.

Triste destinée ! Et triste époque ! Voilà que le savoir académique sert de paravent à la promotion des spaghettis...

6

OPA sur l'Université

À dresser ce triste inventaire des économistes français qui se sont laissé happer par le monde de la finance, à constater les conflits d'intérêts dans lesquels certains d'entre eux s'ébrouent, on finit par se lasser. Entre nausée et indignation, on en vient naturellement à se demander s'il n'y en a décidément pas un pour racheter l'autre…

Attention pourtant à ne pas perdre de vue l'essentiel ! Si tant d'économistes, y compris certains des plus talentueux, ont succombé peu ou prou aux mêmes dérives, c'est que leur caractère ou leur inclination personnelle ont sans doute joué. Mais plus encore c'est qu'un même système les a aspirés. Tout est là ! Un système prédateur, un système corrupteur. Et s'il en fallait encore une preuve, le « big-bang » affectant l'Université l'apporte.

C'est peu dire en effet que le monde de l'économie, et donc celui de l'enseignement et de l'Université, vivent depuis quelques années une sorte d'épidémie, comme si un virus s'était propagé dans l'ensemble des secteurs de l'Université chargés de l'enseignement de l'économie – ces secteurs qui paraissaient précisément le plus protégés de ces funestes évolutions pour n'obéir qu'à une seule logique, celle de la recherche et du savoir. Ce n'est pas le virus des « subprimes », mais c'est tout comme.

Par commodité, appelons-le le « virus Tirole ».

Dans la galaxie de l'Université, l'économiste Jean Tirole occupe une place à part. Avec Jean-Jacques Laffont (1947-2004), qui jouissait d'une grande notoriété pour ses travaux sur la théorie des incitations et de la régulation, il est à l'origine de l'École d'économie de Toulouse – la célèbre Toulouse School of Economics (TSE) – qui est indéniablement l'une des très grandes réussites françaises, avec l'École d'économie de Paris (PSE). Grand spécialiste de l'économie industrielle, récipiendaire de la médaille d'or du CNRS, Jean Tirole est l'un des plus grands économistes français, l'un des plus talentueux. Mais disons-le franchement, c'est aussi l'un des plus inquiétants, car c'est lui, à Toulouse, qui a fait entrer le plus spectaculairement le loup dans la bergerie, ou plutôt la finance dans le monde de l'Université. Il a donné l'exemple, que d'autres universités ont suivi. Ce qui est à l'origine d'une véritable implosion de l'enseignement de l'économie et de la recherche.

C'est en effet l'Institut d'économie industrielle (Idei), ancêtre de la Toulouse School of Economics qui, au début des années 90, a avancé en éclaireur, en nouant des partenariats avec des entreprises pour créer et financer une fondation abritant des enseignants-chercheurs disposant de compléments de salaire par rapport aux rémunérations publiques et couvrant de nouveaux secteurs de recherche, souhaités notamment par les entreprises. Ou alors pour financer directement une chaire d'enseignement spécifique.

Marchant sur ces brisées, de nombreuses universités ont créé à leur tour des structures semblables, profitant de financements publics mais aussi de capitaux privés. Aux quatre coins de la France, des fondations ont donc vu le jour ou des chaires financées par le privé ont éclos. Mais dans cette « financiarisation » de l'enseignement de l'économie, Toulouse a toujours gardé cent coudées d'avance sur les centres rivaux.

Le drame, c'est que le processus est invisible ; il est souterrain. Tous les nouveaux centres qui prospèrent affichent l'ambition d'être des pôles d'excellence. Et tous les critères de validation, propres à toute recherche scientifique, sont scrupuleusement respectés. Mais le monde de la finance s'est introduit, si l'on peut dire, dans le cœur du réacteur. La loi de 2006 sur la recherche, en organisant ce système de fondations financées par des fonds publics et des groupes privés voire même des mécènes, avec à la clef de très fortes défiscalisations, a brutalement accéléré cette privatisation à peine masquée de l'enseignement universitaire de pointe et de la recherche économique.

Certes, Jean Tirole conteste, bec et ongles, les effets corrupteurs de cette OPA de la finance sur le monde académique. Dans une tribune libre publiée par le journal *Le Monde* (11 décembre 2007), il a présenté un long argumentaire en défense de son école : « Et l'indépendance ? Bien que fortement financées par le secteur privé, les universités américaines sont non seulement des lieux de bouillonnement intellectuel intense, mais aussi des espaces de liberté extraordinaires. Peut-on craindre qu'il en soit différemment pour les universités françaises ? Je ne le crois pas. Tout d'abord, parce que, d'expérience personnelle, les entreprises respectent l'indépendance de l'Université. À l'avenir, elles financeront l'Université française collectivement pour avoir accès à des étudiants bien formés et des experts. Violer cette indépendance irait à l'encontre des objectifs recherchés. L'indépendance peut de surcroît être renforcée par la diversification des partenariats, la constitution d'un capital, le droit de publier librement, la validation des travaux par les grandes revues internationales (garantes de qualité) et la concurrence entre universités (frein aux dérives intellectuelles). »

Mais ses arguments peinent à emporter l'adhésion car ils ne donnent qu'une faible idée de l'implosion du système universitaire qu'induisent ces partenariats déséquilibrés avec le privé. Pour en prendre la mesure, il suffit de parcourir un rapport au-dessus de tout soupçon, dont la presse n'a jamais parlé car il n'a pas été rendu public, celui que la Cour des comptes a consacré à cette école.

Dans ce rapport qui couvre les années 2007 à 2010, on mesure en effet que ce partenariat public-privé a pris une forme étrange. Tout a été fait par l'État pour que les grands groupes industriels et financiers soient aux postes de commande, presque à parité avec les organismes publics. C'est une privatisation, ou du moins une privatisation partielle de l'Université et de la recherche économique qui a été organisée.

L'École d'économie de Toulouse est gérée par une fondation du type de celle que la loi ultralibérale sur la recherche de 2006 a autorisée. Dénommée Fondation Jean-Jacques Laffont, cet organisme a été créé par des établissements publics prestigieux : le CNRS, l'École des hautes études en sciences sociales (EHESS), l'Institut national de la recherche économique (Inra) et l'université Toulouse-1. Mais, plutôt que de garder la main sur leur « bébé » et de n'inviter des partenaires privés que de manière minoritaire, ces organismes ont tout fait, sous la houlette de Jean Tirole, pour que le privé entre en force dans la fondation, pour qu'il en partage la gouvernance et les financements.

Les apports financiers prévus sur la période 2007-2012 pour financer la Fondation et les 140 chercheurs qu'elle abrite au sein de l'école en témoignent : 42,8 millions d'euros proviennent de l'État, 0,825 des fondateurs, et 33,4 millions des entreprises privées. À titre d'illustration, pour la seule année 2010, l'État a apporté 7,5 millions d'euros, les fondateurs 0,165 et le privé 6,825 millions d'euros.

En clair, les portes de TSE, à la pointe de la recherche économique en France, ont toutes grandes été ouvertes au privé. Le groupe Axa a ainsi apporté 600 000 euros ; EDF 500 000 euros ; Electrabel (filiale de GDF Suez) 600 000 euros ; la Caisse des dépôts 600 000 euros ; BNP Paribas 600 000 euros, La Poste 300 000 euros ; Crédit Agricole 600 000 euros, Total 600 000 euros et France Télécom 250 000 euros.

La gouvernance de la fondation est presque identique. Les financeurs privés détiennent des sièges au conseil pratiquement à parité avec les fondateurs. Outre Jean Tirole, qui préside, et deux personnalités qualifiées, les membres du conseil au titre des fondateurs sont au nombre de six ; et les membres représentant les entreprises sont au nombre de cinq, en l'occurrence les représentants d'Exane, de GDF Suez, de France Télécom, du Crédit Agricole et de BNP Paribas.

En somme, une bonne partie des « gestionnaires » de la recherche économique de pointe en France sont des entreprises privées, et notamment des banques. Des établissements privés qui ont bien sûr importé le fonctionnement du privé au sein de l'école.

La Cour des comptes mentionne cet état de fait notamment dans le cas des rémunérations. Alors que le traitement d'un professeur d'université en fin de carrière avoisine les 5 000 euros net par mois, les bénéficiaires d'une « chaire senior » à l'École de Toulouse profitent de rémunérations financées par la fondation qui oscillent entre « 21 000 et 80 000 euros ». Ces rémunérations, note la Cour des comptes, résultent d'une « négociation de gré à gré entre la direction de TSE et les intéressés », dans des conditions de discrétion « proche de l'opacité ». À cela s'ajoute une rémunération au mérite, grâce à des primes attribuées aux chercheurs qui publient dans les meilleures revues internationales. Ces primes ont atteint un montant proche de 700 000 euros en 2010 pour les 140 chercheurs. Soit 5 000 euros en moyenne. Mais les deux tiers des chercheurs n'en perçoivent pas. Autrement dit quelque 46 chercheurs se partagent la somme, soit plus de 15 000 euros chacun. « Les bénéficiaires d'une chaire junior se voient proposer des rémunérations de 35 000 à 42 000 euros par an (soit près du double de la rémunération d'un maître de conférences en début de carrière), plus 10 000 euros de frais de recherche », note encore la Cour des comptes.

En bref, c'est une bombe qui a été logée au sein de l'Université française. Une bombe qui risque de conduire à un éclatement de l'Université dans les disciplines économiques : avec une université de luxe, sous la coupe du privé, disposant de professeurs et de chercheurs profitant des rémunérations considérablement supérieures à celles de la fonction publique ; et une université du pauvre, abandonnée au public, avec des professeurs sous-payés.

Dans ces conditions, pourquoi les membres du Cercle des économistes ou ceux du Conseil d'analyse économique veilleraient eux à ne pas pratiquer le mélange des genres entre intérêt général et affaires privées ? En vérité, c'est l'État, lui-même, qui encourage ces comportements, puisque c'est lui qui contribue à introduire la finance à l'Université.

Mais les conséquences de cette privatisation pas même masquée vont encore au-delà car ce système induit un type de recrutement de chercheurs bien particuliers. On se doute en effet que les économistes spécialistes de l'exclusion sociale ou des inégalités ont assez peu de chances de faire carrière à Toulouse. En tout cas, ils ont moins de chances que les chercheurs dont les inclinations sont plus libérales et les thématiques de recherches davantage liées aux marchés financiers. Survenu à la rentrée universitaire 2009, un recrutement à Toulouse est particulièrement illustratif de ce phénomène, celui d'Augustin Landier.

Diplômé de l'École normale supérieure, agrégé de mathématiques et titulaire d'un doctorat d'économie au célèbre Massachusetts Institute of Technology (MIT), il a fondé un *hedge funds* à New York avant de passer au Fonds monétaire international pour finalement atterrir à la Toulouse School of Economics. Trader autant qu'économiste, spéculateur autant que théoricien, Augustin Landier est le symbole vivant de ce dangereux effacement des frontières entre la finance et l'Université. Il est même devenu l'une des coqueluches de TSE et n'a pas attendu bien longtemps avant d'être coopté au Conseil d'analyse économique. Comme on s'en doute, Augustin Landier a un regard assez indulgent sur les débordements des marchés financiers. Nous l'avons d'ailleurs déjà croisé un peu plus tôt dans notre récit : c'est lui qui a cosigné avec l'économiste David Thesmar cette si stupéfiante tribune dans *Les Échos* (27 juillet 2007), estimant que les *hedge funds* étaient « les victimes collatérales de la crise du crédit ». Pauvres victimes…

Mais une autre série de conséquences est également prévisible : ce ne sont plus les critères académiques, ou en tout cas plus seulement eux, qui président aux choix de l'attribution des financements à tel ou tel pôle. Désormais, les sponsors privés détiennent une bonne partie de la décision. Même entre les différents pôles d'excellence, ils peuvent ainsi privilégier un type de recherche plutôt qu'un autre. Avantager par exemple la recherche sur toutes les thématiques qu'affectionne le monde de la finance et désavantager les recherches liées à une meilleure régulation de l'économie.

Les promoteurs de la privatisation, Jean Tirole en tête, récusent cette dérive. Ils font valoir que le secteur privé cofinance les fondations – celle de Toulouse comme les autres qui ont ensuite vu le jour – mais qu'il y a une frontière étanche entre la gestion et les contenus scientifiques. C'est sa ligne de défense. C'est aussi une fable. Et il n'est pas difficile d'en établir la démonstration.

Prenons un autre exemple, tout aussi prestigieux, celui de l'École d'économie de Paris (PSE), créée en décembre 2006 et qui est gérée de la même manière, c'est-à-dire par l'entremise d'une fondation où sont représentées de grandes institutions publiques (l'École normale supérieure, l'École des hautes études en sciences sociales, le Centre national de la recherche scientifique, l'Institut national de la recherche économique et de l'université de Paris-I-Panthéon-Sorbonne) mais aussi des groupes privés, dont AXA et Exane.

En apparence, PSE, qui accueille quelque 150 enseignants-chercheurs et économistes, donne l'impression de s'être tenue à l'écart des dérives de son homologue de

Toulouse. L'École de Paris a ainsi veillé à ce que les entreprises privées qui financent la fondation ne disposent que de trois sièges au conseil d'administration, dont le président est Roger Guesnerie, professeur au Collège de France. PSE se tient donc à distance raisonnable du monde de la finance, qui a été associé au projet mais qui n'en a pas pris le contrôle.

Cette situation tient en grande partie à la personnalité du premier directeur de l'école, Thomas Piketty. Farouchement jaloux de son indépendance, très peu enclin aux mondanités – contrairement à nombre d'autres économistes –, le jeune chercheur s'est détourné de ses recherches quelques mois fin 2006-début 2007 pour porter le projet et trouver des financements privés. Mais, passant le relais à un autre économiste, François Bourguignon, ex-chef économiste de la Banque mondiale, il est retourné à ses études sitôt l'école créée, début 2007, suscitant la colère de certains des sponsors, dont Henri de Castries, le patron d'Axa. La mini-crise qui a émaillé la naissance de l'École d'économie de Paris a contribué, elle aussi, à mettre un peu de distance entre la prestigieuse école et ces sponsors privés. Pour des raisons de fond comme de circonstance, l'OPA sur l'École d'économie de Paris, peut sembler avoir échoué.

Pourtant, là encore, on peut sans trop de difficultés constater que le système mis en place à partir de 2006 a eu des conséquences néfastes sur cet établissement. D'abord, par cette loi de 2006, les chercheurs ou les économistes ont été sommés d'arpenter les allées, parfois poisseuses, du CAC 40 pour faire la manche. Ce qui est naturellement malsain ou humiliant. Surtout, une fois les fondations créées, certains d'entre eux ont été sommés de se transformer en gestionnaires. Ce qui a conduit à des situations parfois cocasses. C'est le dicton qui l'affirme : le cordonnier est toujours mal chaussé. Eh bien, le principe vaut aussi pour l'École d'économie de Paris : elle a beau regrouper quelques-unes des plus belles intelligences françaises en économie, sa gestion est souvent désordonnée. Un exemple parmi d'autres : le président du conseil, Roger Guesnerie, a tout bonnement oublié à la fin de l'été 2011 que le mandat du directeur, François Bourguignon, était arrivé à échéance. Le conseil d'administration n'a pas pu débattre régulièrement du bilan du directeur, avant de le renouveler. Et c'est par mail qu'une consultation des membres du conseil d'administration a été organisée – une procédure dont la légalité est douteuse.

Mais il y a plus préoccupant : face à Toulouse qui a avancé à marche forcée dans ce processus de privatisation, l'École d'économie de Paris a cherché à défendre son indépendance. Mais elle l'a fait dans des conditions de plus en plus difficiles comme le souligne cet autre rapport confidentiel de la Cour des comptes, couvrant exactement la même période 2006-2009.

Pas facile, en fait, de pouvoir le consulter ce rapport ! Quand j'ai voulu en prendre connaissance, le président du conseil d'administration de l'école, Roger Guesnerie, s'y est fermement opposé. Il a fallu que je trouve un magistrat financier (anonyme) de la rue Cambon, convaincu qu'en démocratie la transparence doit être la règle et le secret l'exception, pour trouver la confirmation de mes intuitions : dans cette tyrannie exercée par la finance, l'École d'économie de Paris a été logée à bien plus mauvaise enseigne que Toulouse.

La plus spectaculaire illustration de cette inégalité, ce sont les financements que PSE a trouvés en quantité beaucoup plus faible que ceux de TSE. Alors que Toulouse est parvenue à lever 42,8 millions d'euros provenant de l'État, 0,825 des fondateurs, et 33,4 millions des entreprises privées, l'École de Paris n'a obtenu en comparaison qu'une misère : l'État a apporté 20 millions d'euros en 2007, les fondateurs (École normale supérieure, CNRS, EHESS, Paris I...) 300 000 euros et les groupes privés seulement... 2,375 millions d'euros, fournis notamment par Axa et Exane (un groupe financier lié à BNP Paribas). Et même si l'on ajoute à ces sommes près de 20 millions d'euros générés par des apports immobiliers en faveur de PSE, le magot global de l'école ne dépasse pas 45 millions d'euros.

Au total, les grands groupes privés ont apporté 33,4 millions d'euros à TSE et seulement 2,375 millions à PSE. Dans la disproportion spectaculaire des chiffres, on comprend sur-le-champ les risques induits par cette privatisation rampante de la recherche et de l'enseignement de pointe en économie : le secteur privé – les grandes banques, les groupes d'assurance ou quelques mastodontes industriels – a la faculté de favoriser un pôle d'excellence plutôt qu'un autre.

Triste mais logique ! Réputée plus à gauche et plus attachée à la régulation, l'École d'économie de Paris a trouvé beaucoup moins d'argent que Toulouse, réputée plus à droite et plus ouverte aux thèses libérales sinon ultralibérales. Imagine-t-on que le très réactionnaire patron d'Axa, Henri de Castries, subventionne de gaieté de cœur l'École d'économie de Paris et, du même coup, les travaux de Thomas Piketty qui dressent un formidable réquisitoire contre le monde inégalitaire dont le même Henri de Castries est l'un des symboles ?

Assez logiquement, des groupes comme Axa ou BNP Paribas adorent l'économiste Augustin Landier et les thématiques libérales et réactionnaires sur lesquelles il travaille, et ont en horreur Thomas Piketty et les thématiques progressistes qui inspirent ses travaux. On devine sans grande peine qu'Henri de Castries ne doit par exemple pas être un adepte de la « révolution fiscale » dont Thomas Piketty est le premier et plus fougueux partisan.

Épilogue de cette histoire, d'ailleurs prévisible : fin 2010, Henri de Castries a annoncé qu'il ne sollicitait pas le renouvellement de son mandat de membre du conseil d'administration de PSE. Et en janvier 2011, le patron d'Exane, Nicolas Chanut, a adressé une lettre véhémente à tous les administrateurs de PSE pour leur annoncer que lui aussi tirait sa révérence et ne siégerait plus au conseil.

Le plus invraisemblable dans cette affaire, c'est que le rapport de la Cour des comptes ne cherche même pas à identifier les racines de la faiblesse des apports privés en faveur de PSE ni même ses possibles dangers. Se bornant à l'aspect comptable des choses, qui relève de son champ de compétence, la Cour déplore que l'École d'économie de Paris n'ait pas su lever plus de fonds auprès de… bailleurs privés ! « La Cour recommande plus particulièrement que la fondation accroisse fortement son capital par la levée de fonds privés, afin d'augmenter le produit de ses placements », dit-elle en conclusion, sans mesurer l'ineptie du constat.

Dans ce monde où la finance détient toutes les commandes, les inégalités entre PSE et TSE ne se jugent pas seulement à l'aune de ces dotations. À la différence de son homologue de Toulouse, l'École d'économie de Paris est aussi confrontée à d'inextricables difficultés dans la rémunération des économistes qui y travaillent. Car elle ne peut pas offrir les mêmes avantages. L'École de Paris – c'est tout à son honneur ! – n'a pas voulu copier le système de rémunération mis en œuvre à Toulouse, qui dynamite les modes de rémunération qui ont cours à l'Université. PSE a juste choisi d'abonder les rémunérations publiques des chercheurs, en leur versant des compléments, le plus souvent modestes. Certains enseignants-chercheurs sont également invités à dispenser chaque mois un ou deux jours de cours ou de formation dans des enceintes publiques (Banque de France...), ce qui leur garantit un complément de ressources.

Que faire d'autre ? Face aux pratiques anglo-saxonnes, les rémunérations publiques françaises sont si faibles que PSE perdrait certains de ces économistes, qui seraient alors tentés de partir à l'étranger, si une solution de complément de salaire n'avait pas été trouvée.

Le rapport de la Cour des comptes détaille les rémunérations de PSE : de 1 000 à 2 000 euros net par mois pour deux cours de masters de 24 heures dans l'année pour les titulaires de chaire associée ; 3 600 euros net pour un cours de masters de 24 heures pour les professeurs associés ; 2 600 euros par mois pour les doctorants et 4 000 euros par mois pour les post-doctorants... En clair, PSE est clairement à la traîne par rapport à TSE.

Mais ce système est, en vérité, hypocrite. Car l'École d'économie de Paris n'est pas une oasis. Et dans un monde où la finance a tout perverti, elle y a été happée, elle aussi, et elle doit trouver sans trop le dire d'autres subterfuges pour que ses chercheurs soient rémunérés au-delà de ce que l'Université offre ordinairement à ses professeurs.

L'École d'économie de Paris a ainsi signé un accord de partenariat en juin 2011 avec la New York University (NYU), prévoyant notamment un programme d'échanges de chercheurs et des enseignements délivrés par des économistes de la Paris School of Economics (PSE) dans le réseau universitaire de la NYU. La coopération scientifique est, de fait, de grande qualité. De la sorte, PSE a pu s'associer au projet de l'université de New York tendant à créer dans le monde plusieurs campus de haut niveau en économie, en commençant aussitôt par un campus à Abu Dhabi, puis d'ici 2014, un autre à Shanghai.

Ce système a permis à PSE d'offrir des compléments de salaires à certains de ses chercheurs et enseignants : de 60 000 à 65 000 dollars, complétés par un abondement de 10 000 dollars de PSE, pour sept semaines de cours à Abu Dhabi. De la sorte, PSE essaie de rester dans la compétition mondiale, pour demeurer attractive.

Ce système de rémunération présente un aspect alarmant parce qu'il n'est pas ouvertement assumé par la puissance publique, parce qu'il est en rupture avec les grilles de rémunérations publiques. Les économistes de PSE n'en sont pas directement responsables. C'est la logique infernale de l'État pauvre qui pousse l'école à pratiquer le système « D » au cas par cas. Terrible logique ! En conduisant une politique d'austérité, l'État fait cause commune avec les milieux de la finance qui veulent mettre la main sur les pôles d'excellence de la recherche économique française.

Tout en cherchant à défendre un système vertueux, PSE a été aspirée par ce système prédateur. Et s'il faut une autre illustration de cette spirale infernale, on la trouve dans le mode de gestion que le conseil a retenu pour faire fructifier les fonds publics et privés levés par la fondation.

La gestion retenue est en effet tout sauf imaginative ou innovante. Pas d'investissement éthique ou social. En mai 2008, au terme d'un appel d'offres, PSE a approuvé la désignation de Clerville Investment Management comme mandataire de gestion du portefeuille de titres de la dotation de la fondation. En clair, la gestion de son patrimoine financier a été confiée à un trader, Alban de Clermont-Tonnerre, et à une société de gestion financière implantée à Londres. Cette société était à l'origine ce que l'on appelle un « *family office* » pour la richissime famille des Schlumberger. Ancien de Merrill Lynch et de Goldman Sachs, Alban de Clermont-Tonnerre a, lui, longtemps travaillé sur le marché des dettes souveraines. C'est une connaissance de Daniel Cohen.

Il y a là comme une forme de triste symbole. Que le pôle le plus prestigieux de la recherche en économie confie la gestion de son portefeuille à un trader qui a fait ses classes dans la banque incarnant jusqu'à la caricature les dérives folles de Wall Street, et qui travaille désormais à enrichir une famille de milliardaires, montre la vigueur du virus qui est en train de contaminer jusqu'aux plus belles institutions françaises.

Au demeurant, il ne semble pas que cet Alban de Clermont-Tonnerre ait fait des merveilles. « À la suite de moins-values importantes enregistrées à la clôture de l'exercice 2008 sur les placements en obligations, certains membres du conseil d'administration ont manifesté leur inquiétude sur la gestion des fonds de la fondation », relève la Cour des comptes. Autrement dit : les meilleurs économistes de France ont été les premiers à perdre de l'argent quand la crise s'est aggravée ! Avec à la clef des moins-values latentes de 413 000 euros sur les portefeuilles des titres, qui ont dû être passés dans les comptes de l'année 2008.

Quoi qu'il en soit, tout se cumule, les dotations aussi bien que les rémunérations, pour que PSE soit désavantagée par rapport à TSE ; et plus encore les autres universités, par rapport à ces pôles d'excellence. L'État asphyxie les uns ; la banque ou l'assurance financent les autres… Oui, tout se cumule, en bout de course, pour que les recherches libérales sur des thématiques proches de la finance ou de l'industrie soient beaucoup plus nombreuses que les recherches sur des thématiques plus citoyennes. En bref, quoi qu'en dise Jean Tirole, c'est la finance qui a pris le pouvoir. Et même si PSE traîne des pieds – et il faut l'en féliciter – la finance est en passe de gagner la partie.

Nulle censure, donc ! Dans toutes les fondations qui ont vu le jour en France sur le modèle de celle de Toulouse, aucun chercheur n'a été mis en cause pour avoir répondu aux sollicitations d'un groupe privé. Les critères de validation de la recherche scientifique répondent partout aux mêmes exigences d'indépendance, sous la responsabilité de comités scientifiques. Les financeurs privés n'ont pas leur mot à dire. Le système est scientifiquement irréprochable. Et Jean Tirole y veille, lui qui est périodiquement cité comme étant l'un des rares « nobélisables » français en économie. Mais c'est en cela aussi qu'il est beaucoup plus pervers. Car par la force des choses, par les recrutements qui sont effectués, par l'orientation des financements, c'est un type de recherche qui est privilégié plutôt qu'un autre.

Lors d'une récente élection au Conseil national des universités, une liste d'économistes regroupés sous l'appellation « Pluralisme et qualité » avait sonné le tocsin sur ces inquiétantes évolutions et avait appelé à un sursaut. « La crise actuelle a considérablement discrédité la profession des économistes, perçus de façon édifiante, sans doute excessive, comme des chercheurs autistes, voire comme des complices, devant les dérèglements qui ont touché la finance mondiale et la dynamique macro-économique des pays industriels, mettant en cause l'utilité sociale de la production académique des économistes et suscitant d'ailleurs, dans le monde anglo-saxon, une redéfinition significative des programmes de recherche et des instruments d'analyse dont on a quelque peine à voir l'équivalent en France », écrivaient-ils.

Mais en dehors de la communauté universitaire, qui a entendu parler de cette salubre mise en garde ?

Aujourd'hui, il faut bien prendre la mesure de la façon dont l'École d'économie de Toulouse a été copiée aux quatre coins de la France pour comprendre la gravité du virus qui a été inoculé à l'Université française. Car, dans la foulée de ces fondations qui ont vu le jour sur de nombreux campus universitaires, un autre type de financement par le privé, encore plus direct, s'est mis en place : c'est le système des chaires sponsorisées. Dans de nombreux centres de recherche ou d'enseignement des groupes privés peuvent en effet financer directement une chaire d'enseignement sur des thématiques qui leur sont propres. Et dans ce cas, les dérives sont encore plus nombreuses. Car si un groupe privé finance directement une chaire, c'est qu'il en attend une contrepartie.

La faculté de Dauphine, à Paris, en est le meilleur des exemples : les plus grands groupes industriels français ont *de facto* pris les commandes de l'université. Ici, le système est poussé jusqu'à la caricature. Une fondation a été créée, ainsi qu'une ribambelle de chaires, dont les sponsors sont à chaque fois ou presque les chefs de file industriels ou financiers de la matière enseignée.

D'abord, tous les gros lobbies de l'assurance se taillent la part du lion : la chaire « Assurance et risques majeurs » est ainsi parrainée par l'assureur Axa ; la chaire « Marchés des risques et création de valeur » par le réassureur Scor ; la chaire « Santé, risque, assurance » par l'assureur Allianz ; ou encore la chaire « Les particuliers face aux risques analyse et réponse des marchés », par l'assureur mutualiste Groupama. Le président du Cercle des économistes, Jean-Hervé Lorenzi, que nous avons appris à connaître, fait encore mieux : pour le « master 218 assurance et gestion du risque » dont il est le directeur, il a reçu l'appui sonnant et trébuchant de quasiment toute la place de Paris. Parmi ses sponsors, on trouve pêle-mêle AG2R, AGF, Axa, BNP Paribas, Caisses d'épargne, Ernst & Young, Generali, Groupama, Maaf, Macif, Matmut, MMA, Crédit Agricole, Scor, et bien d'autres encore…

Mais le système va bien au-delà. La fondation Dauphine s'est aussi associée, jusqu'en 2011, avec la société Amundi, une Sicav du Crédit Agricole (longtemps présidée par… Christian de Boissieu !), pour créer une chaire « Asset management », c'est-à-dire spécialisée dans la gestion d'actif. Et il ne s'agit pas seulement d'un parrainage financier puisque dans la direction scientifique de cette chaire on trouve un certain Georges Pauget, l'ex-patron… du Crédit Agricole. Le principe selon lequel les sponsors de ces chaires apportent de l'argent mais ne se mêlent pas du contenu de l'enseignement apparaît pour ce qu'il est : une fiction qui n'abuse que les naïfs.

Et cette dérive fait froid dans le dos. Car la société Amundi a une histoire pour le moins sulfureuse. En novembre 2011, la Société Générale a en effet écopé d'une amende formidable de 2,5 millions d'euros prononcée par l'Autorité des marchés financiers (AMF) pour des manquements graves liés à la gestion des fonds détenus par Amundi, du temps où cette société était dans son giron. Dans sa décision de sanction, l'AMF s'est montrée particulièrement sévère à l'égard de la Société Générale, et deux de ses filiales concernées par ce dossier, SGAM et SGAM-AI. Dans le cas de SGAM, l'AMF a ainsi dénoncé la « défaillance de la fonction contrôle des risques ». Et les manquements de SGAM-AI ont été encore plus graves. La sous-filiale de la Société Générale a violé plusieurs exigences émises par le comité des risques du groupe et manqué à plusieurs de ses obligations professionnelles. SGAM-AI a notamment dépassé nombre de ratios et a cherché à masquer ces dépassements. Autant d'infractions qui soulignent un « défaut d'organisation dans ses fonctions risques et conformités », selon la commission des sanctions.

Malgré cette sanction infamante, Amundi a continué de financer jusqu'en 2011 une chaire de Dauphine. Et c'est, comme on l'a vu, l'ancien patron du Crédit Agricole, banque qui a pris le contrôle de la même Amundi, qui est à la direction scientifique de cette chaire. Et quel est le contenu de l'enseignement dispensé par cette chaire improbable ? Le journaliste que je suis serait curieux de le savoir.

Sur le site Internet de la Fondation Dauphine, on découvre même une petite cerise sur le gâteau : la faculté a eu l'idée de créer une chaire « éthique et gouvernance d'entreprise », et de solliciter les groupes BNP Paribas, Total et Bolloré comme partenaires. Le site Internet ne dit pas si le groupe Bolloré, pour ne parler que de lui, coopère aussi à la direction scientifique car Vincent Bolloré, le patron, dispose d'une très forte expérience dans ces domaines. Toute sa holding est construite autour de coquilles financières ayant de nombreuses ramifications dans des paradis fiscaux, et notamment au Lichtenstein ; et c'est un grand spécialiste d'utilisation de « faux nez » quand il lance des OPA, comme il l'a montré lors de son raid sur Bouygues puis sur Havas…

Le plus stupéfiant dans cette infernale privatisation, c'est qu'elle a été conduite tambour battant par un président d'université dont on pouvait attendre tout sauf cela. Militant respecté et dévoué de la Ligue communiste révolutionnaire (LCR) dont il a même été membre du Bureau politique, en charge du secteur enseignant tout au long des années 80, Laurent Batsch, qui est désormais président de Dauphine, avait un profil qui pouvait laisser supposer qu'il défendrait au moins l'intérêt général. Qu'il abandonne le marxisme, cela ne regarde que lui, mais qu'il se porte aux avant-postes du combat pour livrer l'Université à l'appétit vorace du monde de la finance, voilà assurément qui est consternant et qui en dit long sur les compromissions de l'époque.

Tout au long des années 70 et au début des années 80, il y avait pour l'extrême gauche parisienne deux facultés pestiférées : la faculté de droit d'Assas, repaire de tous les groupuscules d'extrême droite de l'époque, et Dauphine qui valait à peine mieux. Comme tant d'autres de sa génération – qui est aussi la mienne –, Laurent Batsch a peut-être fait le coup de poing contre les militants d'Occident, qui sévissaient dans ces deux universités ? Pourtant, dans un méchant clin d'œil de l'Histoire, le voilà qui s'est embourgeoisé mais surtout qui organise la prise de pouvoir de la finance sur l'Université.

En matière de presse, imagine-t-on l'usage formidable que l'on pourrait faire de ce type d'association ? Un article sur l'impôt de solidarité sur la fortune, d'une honnêteté évidemment au-dessus de tout soupçon, pourrait sûrement être avantageusement précédé de cette sympathique mention : « cette analyse vous est gracieusement offerte par le syndic des gestionnaires de grandes fortunes » ; un article, tout aussi objectif et impartial, sur la crise du logement pourrait être agrémenté de cette autre mention : « cet article vous est offert par les Promoteurs réunis ». Et pourquoi pas un article sur la progression de la criminalité sponsorisé par Al Capone & Cie…

C'est dire si le monde de l'enseignement supérieur de l'économie est aujourd'hui gravement menacé en France. C'est une vraie, une franche privatisation qui est à l'œuvre et dont on parle peu. C'est si vrai que même les principes républicains de la gratuité du savoir sont maintenant battus en brèche : depuis la rentrée 2010, certains étudiants qui accèdent en master de gestion ou d'économie internationale à Dauphine doivent ainsi débourser des droits d'inscription qui dépassent 4 000 euros pour l'année.

Oui, c'est une privatisation tragique qui remet en cause jusqu'aux principes républicains légués par Jules Ferry, et qui affecte jusqu'aux contenus académiques. C'est le monde fou de la finance, celui-là même qui a précipité la planète dans l'ornière qui décide de plus en plus du contenu même des enseignements. Alors, on en vient à déraisonner : si son escroquerie n'avait pas été éventée, Bernard Madoff n'aurait-il pas été un jour reçu avec les honneurs à Dauphine pour dispenser un cours – parrainé par exemple par la Sicav Luxalpha, gérée par BNP Paribas – sur l'inventivité financière ?

7

Le grand prix de la pensée unique

Alors que la planète est secouée depuis 2007 par une crise économique historique, nous avons découvert, au fil de notre récit, que les économistes français les plus médiatisés ont multiplié gaffes innombrables et fausses prévisions, mauvaises analyses et simulations faisandées.

Honnêtement, des erreurs, qui n'en commet pas ?

Mais il y a beaucoup plus grave : les préjugés ou les partis pris. C'est la pensée circulante qui répète en boucle éternellement les mêmes fausses évidences. Le véritable danger, selon la formule célèbre utilisée par Jacques Chirac contre Alain Minc, durant la campagne présidentielle de l'hiver 1994-1995, c'est la « pensée unique ».

Si les dérives nombreuses que nous venons de pointer ont une importance, c'est qu'elles sont symptomatiques d'un système très français, pour ne pas dire parisien. Un système où l'hétérodoxie est bannie et l'orthodoxie glorifiée. Le danger pernicieux de tout ce petit monde des économistes médiatiques dont nous venons de faire la connaissance, c'est qu'il a une certaine propension à se comporter en chien de garde de la « pensée unique ».

Cette « pensée unique », c'est la version franchouillarde d'un diktat thatchérien, connu sous la délicieuse (et trompeuse) appellation de « Tina ». En clair, « *There is no alternative*… ».

Ce système de production de « pensée unique », il faut que nous nous y attardions car c'est lui qui pervertit la démocratie ; c'est lui qui enferme les choix de politique économique dans le fameux « cercle de la raison » si cher à Alain Minc. Un cercle qui est toujours pathétiquement le même, celui de la raison néolibérale, un cercle de la bien-pensance des milieux dominants.

Et le meilleur moyen de percer les petits secrets de la « pensée unique » reste encore de s'attarder sur celui qui en est le héros : le même Alain Minc, précisément.

Il y a bien sûr une forme d'abus de langage à qualifier Alain Minc d'économiste. Mais comme il n'y a pas en ce domaine d'appellation contrôlée, comme les économistes pratiquent eux-mêmes le mélange des genres et comme toute la presse, ou presque, lui prête abusivement cette qualité, lui-même joue de cette ambiguïté. Tout au long de la crise depuis 2007, on n'a cessé de l'entendre. De tous les économistes ou prétendus tels, c'est sûrement lui qui a été le plus fréquemment invité. Radios, télévision, presse écrite : semaine après semaine, presque jour après jour, on n'a cessé de le consulter, pour interpréter les spasmes de l'économie mondiale. Comme s'il avait une vraie compétence pour s'exprimer sur le sujet. Comme si son diagnostic était important autant qu'indépendant.

Ainsi va la France ! Les États-Unis ont Paul Krugman, Prix Nobel d'économie, qui dispense son savoir, notamment dans les colonnes du *New York Times* ; nous, nous avons Alain Minc, qui dispense ses petits bavardages partout et tout le temps… Pour un média, c'est plus chic de lui donner la parole plutôt que de convier un Marc

Fiorentino. Mais est-ce vraiment beaucoup plus pertinent ?

Le système Minc est au cœur des hypocrisies du débat économique français. Il nous éclaire sur la nécrose du capitalisme français et sur les réseaux d'influence ou de connivence dont la presse est trop souvent prisonnière.

Pour commencer, il faut dire les choses telles qu'elles sont. Conseiller de Nicolas Sarkozy, éminence grise de quelques très grandes fortunes, essayiste, Alain Minc est tout à la fois. Oui, tout à la fois – c'est précisément cela, le système Minc. Vivant en permanence à la confluence du monde politique, du monde des affaires et du monde de la presse, jouant les entremetteurs ou les « passeurs », il est l'un des intermédiaires privilégiés du capitalisme parisien, se servant d'une position dans l'un de ces univers pour en tirer avantage dans l'autre. Il pérore sur l'économie à tort ou à travers, mais il est d'abord l'un des acteurs intéressés du capitalisme parisien. Invraisemblable système, dont une bonne partie de la presse est complice : sans cesse on l'invite ; et lui en profite. Car son vrai métier c'est marchand d'influence.

Au premier examen, le « cas Alain Minc » n'a donc pas grand-chose à voir avec le sujet qui nous occupe, celui des économistes. Et pourtant, si ! Tout est là. Car beaucoup d'économistes français, comme nous avons pu l'observer, délaissent volontiers leur discipline pour jouer, eux aussi, les marchands d'influence. Alain Minc est, à sa façon, l'un des symboles les plus aboutis de ce mélange des genres, de cette abolition des frontières. L'un des symboles de ces dérives très françaises.

L'imposture est d'autant plus patente qu'en vérité, Alain Minc a multiplié les échecs, dans les coulisses des milieux d'affaires et des cercles du pouvoir, au cours de ces dernières années. Ailleurs qu'en France, un expert auquel serait imputé un aussi grand nombre d'échecs serait disqualifié. En France, non !

Il y a d'abord les échecs dans la vie des affaires. En effet, nombre d'entreprises dont Alain Minc s'est approché ont fini par couler. Bras droit de l'industriel italien Carlo de Benedetti, pour ses activités européennes, regroupées au sein de Cerus, Alain Minc a commencé par plonger dans la ruine cette société en déclenchant en 1988 une calamiteuse OPA sur la Société Générale de Belgique (SGB). Comme je l'ai raconté par le menu dans un livre d'enquête sur Alain Minc (*Petits Conseils*, Stock, 2007), l'affaire a été si mal menée que le célèbre homme d'affaires a failli être ruiné. Dans un livre d'entretien réalisé longtemps après (*Carlo de Benedetti l'Européen*, Balland, 2000), l'industriel a donné une évaluation du désastre : à l'époque, Alain Minc lui a fait perdre « environ 1 000 milliards de lires », soit l'équivalent de 817 millions d'euros.

Dans le même livre, Carlo de Benedetti, qui est aussi actionnaire du quotidien italien *La Repubblica*, disait son amertume : « Minc s'est comporté avec arrogance et en même temps de manière irresponsable sur le plan technique : ce n'était pas son argent. Moi, j'ai été entraîné par mes propres erreurs, je ne décharge pas les responsabilités sur les autres. Je me suis certainement trompé sur Minc parce que je lui ai confié quelque chose dont il n'était pas capable, c'est-à-dire la gestion. » Plus loin, Carlo de Benedetti ajoutait : « Faire de lui un chef d'entreprise ou un président-directeur général, c'est comme confier à un sociologue la gestion d'une charcuterie. »

Président du conseil de surveillance du groupe Le Monde de 1995 à 2007, Alain Minc est aussi le premier responsable, aux côtés du président du directoire Jean-Marie Colombani, du naufrage du quotidien. Et la crise de la presse, qui depuis a fait des ravages, n'est pas pour grand-chose dans cette calamiteuse histoire. Choisissant pour *Le Monde* une stratégie financière assez proche de celle que Jean-Marie Messier avait choisie pour Vivendi Universal et qui l'a conduit à une situation de quasi-faillite, il a procédé à une véritable boulimie d'achats. Le groupe La Vie, avec son fleuron *Télérama* ; *Courrier international*, *Le Midi libre* avec tous les quotidiens qui lui sont liés : en quelques années, *Le Monde* a procédé à de si nombreuses acquisitions que son endettement a culminé jusqu'à 180 millions d'euros – une somme gravissime pour une entreprise de la taille d'une PME.

Il est advenu ce qui était tristement prévisible : exception dans le paysage industriel de la presse quotidienne française, *Le Monde* a été la victime d'une double normalisation. D'abord une normalisation économique : journal qui était la propriété de ses journalistes, le quotidien est finalement tombé dans l'escarcelle de grands oligarques richissimes (le patron de Free, Xavier Niel ; le cofondateur d'Yves Saint Laurent, Pierre Bergé ; et le banquier d'affaires Matthieu Pigasse, que nous avons déjà croisé), qui se sont offert une belle « danseuse ». Ensuite, une normalisation éditoriale : le journal a été remis au pas. En bref, c'est cela le bilan d'Alain Minc : c'est en grande partie à cause de lui que le plus grand journal français a perdu son indépendance, pour devenir le jouet de richissimes hommes d'affaires. Fondateur du *Monde*, Hubert Beuve-Méry nourrissait la plus belle des ambitions, celle de faire prospérer un journal qui se tienne à l'écart de ce qu'il appelait « la presse d'industrie » – c'est-à-dire un journal loin des milieux de l'argent et de l'affairisme.

À cause des manœuvres d'Alain Minc, *Le Monde* y est retombé.

À la suite du naufrage de Cerus, Alain Minc a par ailleurs commencé au début des années 90 une activité de conseil pour le compte de grands patrons, au travers d'une petite structure dénommée AM Conseil (pour : Alain Minc Conseil). Activité hautement rémunératrice. L'homme d'affaires Vincent Bolloré (propriétaire du groupe éponyme et actionnaire principal de Havas), pour ne parler que de lui, offre en rémunération à Alain Minc l'équivalent de 1 % de toutes les plus-values qu'il réalise, même si ledit Alain Minc n'en est pas à l'origine. Or quand on sait que Vincent Bolloré, uniquement sur le titre Vallourec, a réalisé tout au long des années 2000 des plus-values qui dépassent sans doute 3 milliards d'euros, le calcul est vite fait : Alain Minc, qui n'y est strictement pour rien, a empoché au moins 30 millions d'euros sans rien faire. Le jackpot formidable – cela pourrait même être un slogan sarkoziste : ne pas travailler du tout pour gagner beaucoup…

Des activités de conseil, Alain Minc en a donc eu depuis plus de vingt ans avec de très nombreux hommes d'affaires. Outre Vincent Bolloré, il a travaillé avec François Pinault (Pinault-Printemps-Redoute), Henri Giscard d'Estaing (Club Méditerranée), Stéphane Courbit (ex-Endemol) ; Jean Azéma (ex-Groupama), et beaucoup d'autres encore.

Mais là encore, Alain Minc a connu des déboires et des échecs à répétition. Comme il est impossible de les citer tous, nous nous attarderons sur les plus récents. Au début des années 2000, notre homme prend sous son aile Stéphane Courbit, qui a fait fortune dans la télé-réalité – ou pour dire les choses plus directement, dans la télévision trash. Ce qui montre d'Alain Minc un autre aspect que celui de l'intellectuel raffiné qu'il cultive, et que certains médias, avec complaisance, donnent à voir de lui. Prodiguant à son protégé ses petits conseils, il l'aide pas à pas à construire un groupe couvrant de multiples activités : l'hôtellerie de luxe, la production audiovisuelle, l'énergie ou encore les jeux en ligne.

Mais comme souvent, Alain Minc en fait trop et ne se soucie guère des conflits d'intérêts. Au début de 2008, il emporte son protégé dans une aventure qui va beaucoup lui nuire. Alain Minc souffle en effet à l'oreille de Nicolas Sarkozy qu'il serait judicieux, pour prendre la gauche à contre-pied, de supprimer la publicité sur les chaînes de télévision publiques. Le chef de l'État se laisse convaincre et accepte du même coup que la régie publicitaire de France Télévisions soit privatisée et que son repreneur, en association avec Publicis, soit Stéphane Courbit, qu'Alain Minc lui a présenté.

Mais voilà ! L'affaire finit par faire scandale. Sous ma plume, *Mediapart* révèle que, en remerciements de ses conseils et de ses interventions en sa faveur, Stéphane Courbit a secrètement offert quelques années plus tôt des actions gratuites de son groupe à Alain Minc à hauteur de 3 % du capital de son holding, Financière Lov. Ce dernier va donc tirer profit des conseils qu'il a prodigués aussi… au chef de l'État. En clair, le conflit d'intérêts est gravissime, puisque Alain Minc est en quelque sorte conseil de l'acquéreur potentiel, Stéphane Courbit, mais aussi du vendeur, l'État, par le biais de son plus haut représentant, le président de la République, et par surcroît l'opération peut même l'enrichir. La controverse publique est si violente que l'Élysée décide finalement de tout arrêter. Pour Stéphane Courbit, c'est une belle déconvenue.

D'autant plus qu'au même moment, il essuie des revers financiers de plus en plus nombreux : dans les jeux en ligne ; dans l'énergie où il a surpayé des investissements. Résultat : au début des années 2010, le groupe Courbit est en pleine déconfiture. Du cousu Minc…

Stéphane Courbit sera même emporté à son tour dans les turbulences de l'affaire Bettencourt. À la mi-2011, on apprend en effet que l'héritière du groupe L'Oréal, Liliane Bettencourt, a investi au printemps environ 140 millions d'euros dans une société de Stéphane Courbit, par l'intermédiaire de l'ancien gestionnaire de fortune de l'octogénaire, Me Pascal Wilhelm, qui est également l'avocat du même Stéphane Courbit. La fille de Liliane Bettencourt, Françoise Bettencourt-Meyers, dénonce alors un conflit d'intérêts de la part de Me Wilhelm et, face au scandale – une procédure pour abus de faiblesse est en cours –, Stéphane Courbit est contraint d'annoncer qu'il va renoncer au magot que lui a apporté la vieille dame. Mais, début 2012, on découvre que la situation financière de « l'empire » Courbit est si dégradée que le jeune protégé d'Alain Minc, même s'il est pressé de rendre l'argent pour ne pas être mis en cause dans cette procédure pour abus de faiblesse, est semble-t-il incapable de rembourser la totalité de la somme. Une partie, soit environ 50 millions d'euros, a déjà été engloutie pour rembourser une ligne de crédit bancaire. « Dans un tel contexte de suspicion, Stéphane Courbit peine à trouver de nouveaux investisseurs. Chacun attend de savoir ce qu'il en est vraiment. En attendant, les bruits les plus désobligeants courent dans Paris à son propos. On le dit déprimé, se faisant plus rare au bureau, au bord de la faillite », rapporte même *Le Point* (12 janvier 2012).

Pour un autre patron, celui de Groupama, Jean Azéma, qui rémunère Alain Minc depuis une bonne décennie, les difficultés ont été fatales. Longtemps, l'intéressé a suivi pas à pas toutes les recommandations de son mentor. Empruntant la même stratégie d'expansion à marche forcée que *Le Monde*, il a ainsi commis l'erreur stratégique de multiplier les acquisitions coûteuses juste avant la crise – en Hongrie, en Roumanie, en Turquie, en Grèce ou encore en Italie. Il a aussi fait le choix de se constituer un portefeuille en actions gigantesque – notamment en titres Société Générale et Veolia, les deux groupes qui vont le plus dévisser en Bourse au plus fort de la crise.

Tous ces choix – et toutes ces erreurs – sont en bonne partie ceux d'Alain Minc. Son implication dans la stratégie du groupe est tellement forte que le conseiller a même poussé Jean Azéma dans les bras du plus puissant de ses autres clients, Vincent Bolloré. Dans le cadre d'une stratégie tortueuse qui devait permettre à l'assureur français de partir à la conquête du marché italien – et qui, en vérité, lui a causé une cascade de déboires –, Alain Minc a contribué à l'entrée de Groupama au capital de Mediobanca, la puissante banque italienne sur laquelle Vincent Bolloré a la haute main. Or, qui avait intérêt à cette opération : Vincent Bolloré ou Groupama ? La réponse ne fait guère de doute : mis en cause en Italie, notamment pour sa trop grande proximité avec Berlusconi, Vincent Bolloré était menacé au sein de Mediobanca. Et des amis français ont volé à son secours. Cela a été le cas de Dassault. Et Alain Minc a aussi amené Jean Azéma en renfort.

Et pour couronner le tout, Jean Azéma a entraîné son groupe dans des spéculations effrénées sur des dettes souveraines, tout particulièrement sur la dette souveraine… italienne ! Résultat : Groupama a frôlé le précipice, et fin octobre 2011, le conseil du groupe n'a eu d'autres solutions que de débarquer en urgence Jean Azéma, le protégé d'Alain Minc. L'histoire ne dit pas si le premier a remercié le second pour ses conseils si… peu avisés !

Alain Minc porte la poisse. Et en certaines circonstances, il arrive que la justice s'en mêle. Mais la presse ne s'en fait guère l'écho. En son temps, elle a par exemple très peu évoqué cette condamnation pour « vente frauduleuse » qui est devenue définitive, aux termes d'un arrêt en date du 1er février 2011 rendu par la Cour de cassation, et qui frappait une mystérieuse société dénommée Oléron Participations et plusieurs de ses associés ou partenaires. Une affaire pour le moins intéressante pourtant. Cette société Oléron Participations a en effet été définitivement condamnée ce jour-là à verser 6 millions d'euros de dédommagement à une société tout aussi mystérieuse dénommée Ciga Luxembourg.

Qui sont ces deux sociétés ? Ciga Luxembourg est une coquille financière appartenant à Carlo de Benedetti, tandis que Oléron Participations est une société créée conjointement par le milliardaire Pierre Bergé et son ami et associé… Alain Minc ! Si lourdement mise en cause par la justice, la société Oléron Participations, qui gère une partie de la fortune des deux compères, a d'ailleurs son siège social avenue George-V, à la même adresse qu'AM Conseil ; et son président, Jean-Francis Bretelle (le bras droit de Pierre Bergé), y dispose d'un bureau qui n'est distant que de quelques mètres de celui d'Alain Minc, tout juste séparé par un couloir qui fait office de salle d'attente commune.

À prendre connaissance de tous ces échecs essuyés par Alain Minc, une question vient immanquablement à l'esprit : mais comment diable peut-il se survivre à lui-même ? Ailleurs, aux États-Unis ou en Grande-Bretagne, il aurait été mis sur la touche. Mais, en France, au pays du capitalisme de connivence, il n'y a pas de véritable échec. Ainsi est la vie des affaires parisienne, toujours très accommodante pour les conflits d'intérêts : petits ou grands, les oligarques ne sont jamais sanctionnés. Ils survivent perpétuellement à toutes les alternances…

Et c'est en cela que le parcours d'Alain Minc retient l'attention. Au-delà du personnage, qui n'est pas franchement intéressant et encore moins attachant, c'est d'abord qu'il symbolise un système oligarchique qui ignore la sanction. C'est ce qu'il y a de fascinant dans le personnage : malgré tous ses échecs, malgré les graves déconvenues que tous ses clients ont connues, il reste un entremetteur apprécié du capitalisme parisien et rebondit sans cesse, après chaque échec.

Illustration : malgré le naufrage du *Monde*, malgré celui de Groupama, malgré les ennuis en cascade de Stéphane Courbit, pour ne parler que des échecs les plus retentissants et les plus récents, le voilà qui rebondit encore à l'automne 2011, en devenant président du conseil de la Société des autoroutes du nord et de l'est de la France (Sanef), l'une des gigantesques sociétés françaises de concessions autoroutières, contrôlée par le groupe espagnol d'infrastructures et de services Abertis.

Formidable pays que la France ! Rongé par un complexe libéral, il a été pris ces dernières décennies par une fureur de déréglementation qui l'a amené à privatiser jusqu'aux autoroutes – au moment même où l'État allait être en mesure d'empocher les dividendes de ses formidables investissements, et alors que ces autoroutes sont un outil majeur d'aménagement du territoire. Et qui a profité de ces privatisations ? Presque à chaque fois les mêmes : une petite poignée d'oligarques, pour l'essentiel issus du corps de l'Inspection des finances, qui se sont partagé les postes, les juteuses rémunérations, les insolents jetons de présence, jusqu'aux scandaleux parachutes dorés et autres stock-options. Ce sont, en somme, les fermiers généraux de l'ancienne économie qui ont tous fait fortune sous la nouvelle économie à l'anglo-saxonne. Des fermiers généraux inamovibles, insubmersibles, quoi qu'il arrive... Pour eux, il n'y a jamais de nuit du 4 Août.

En 2006, la Sanef a donc été abandonnée au privé. Et que le principal conseiller occulte de Nicolas Sarkozy occupe la présidence de cette société, quelques années plus tard, prend valeur de symbole : du début jusqu'à la fin, sous Nicolas Sarkozy, l'intérêt général a été bradé au profit de formidables appétits privés.

Car il ne faut pas se méprendre sur Alain Minc : loin d'être un intellectuel distingué ou économiste, il est d'abord l'agent d'influence de puissances financières dont la seule logique est l'appât du gain. C'est d'ailleurs ce qui explique le tropisme espagnol d'Alain Minc. Car, de l'autre côté des Pyrénées aussi, il est parvenu à se rendre indispensable à une petite galaxie d'affaires.

Dans cette histoire, tout commence en 2004. Celui qui est encore le président du conseil de surveillance du *Monde*, Alain Minc, consacre alors beaucoup de son énergie à prodiguer des conseils à l'un de ses clients, Stéphane Courbit. Or à l'époque, ce dernier caresse un rêve. Non pas de vendre les parts de sa société de production, Endemol France, qu'il possède à parité avec l'animateur Arthur – il finira par le faire, ce qui assurera définitivement sa fortune –, mais de racheter Endemol Monde au groupe Telefónica, le géant espagnol des télécommunications. L'opération nécessite des moyens financiers qu'il n'a pas. Qu'importe ! Alain Minc propose à son client d'aller en Espagne en jet privé pour y rencontrer les dirigeants de Prisa qui, dans la vie des affaires espagnoles, ont souvent été confrontés à Telefónica.

L'affaire pourtant n'aboutit pas. Prisa, qui est l'éditeur du prestigieux quotidien espagnol *El País*, n'est pas intéressé. Très vite, dans le cours de la conversation, le patron du groupe espagnol, Juan Luis Cebrián, fait comprendre qu'il ne souhaite pas épauler Stéphane Courbit pour racheter Endemol Monde. La réunion ne s'achève pas pour autant, car Alain Minc parle cette fois en qualité de président du conseil de surveillance du *Monde*. Il propose à *El País* de prendre une participation dans le journal *Le Monde*. Et c'est ainsi que Prisa, un an plus tard, épaulé par le groupe Lagardère, entre au capital du *Monde*, menaçant ainsi son indépendance.

Mais les grandes manœuvres ne font que commencer. Car en 2009 le groupe Prisa, dont Alain Minc deviendra administrateur, tombe à son tour en situation de quasi-faillite et n'échappe au dépôt de bilan qu'en se vendant à un jeune milliardaire américain, Nicolas Berggruen, qui a fait toute sa scolarité à l'École alsacienne, à Paris, et qui se trouve, par le plus grand des hasards, être un proche de… Alain Minc. Ainsi, le même Nicolas Berggruen entre au conseil du *Monde*, aux côtés de ses nouveaux propriétaires, Pierre Bergé (ami et associé en affaires d'Alain Minc), de Matthieu Pigasse (qui doit à Alain Minc son embauche chez Lazard) et Xavier Niel. En clair, Alain Minc a été mis hors du *Monde*, mais ses associés en affaires recommencent à le cerner. Autrefois indépendant, le quotidien devient l'otage des milieux d'affaires. Ce n'est pas le retour au Comité des forges, mais cela ne vaut guère mieux.

Dans le même temps, Alain Minc continue de tisser sa toile en Espagne. Entrant au conseil de la Caixa, les caisses d'épargne ibériques, il noue des relations d'affaires avec l'une des sociétés dont elle est un actionnaire historique, la société… Abertis, propriétaire – nous y voilà – de la Sanef. Et c'est ainsi qu'Alain Minc devient à l'automne 2011 administrateur et président de la Sanef et plus discrètement – la presse n'en a pas parlé – de son holding de tête, dénommé HIT. Ce qui assurait à son prédécesseur – et sans doute à lui-même – des jetons de présence s'élevant, selon mes informations, à 300 000 euros par an. Un formidable et nouveau jackpot pour un mini-oligarque français qui n'a à son actif, dans la vie des affaires, que de formidables échecs.

Et ce qui est vrai de la vie des affaires vaut tout autant pour la vie intellectuelle. Car là encore Alain Minc a connu des revers. Il a même un jour connu les foudres de la justice. Le 28 novembre 2001, le tribunal de grande instance de Paris a en effet condamné les Éditions Gallimard et Alain Minc pour plagiat, à la suite de la publication en novembre 1999 du livre écrit par ce dernier, *Spinoza, un roman juif*. Il faut bien lire le jugement pour en comprendre la gravité. Au total, le tribunal estime en effet qu'en au moins quatorze passages de son livre, Alain Minc a fait des emprunts, de longueur inégale, à l'ouvrage d'un philosophe bordelais, Patrick Rödel (*Spinoza, le masque de la sagesse – Biographie imaginaire*, mars 1997, Éditions Climats).

Le plagiat est grossier. Le sous-titre du livre de Patrick Rödel, dont j'ai fait la connaissance à cette occasion et qui est devenu un ami, mentionne explicitement le statut du livre : l'auteur mélange philosophie et fiction et relate des faits dont beaucoup sont tout droit sortis de son imagination. Patrick Rödel invente ainsi de bout en bout une lettre que Johannes Bouwmeester, médecin de son état, aurait écrite à son ami Spinoza, l'excommunié d'Amsterdam, pour lui donner un moyen de se guérir de ses diarrhées : « Cher Monsieur et illustre ami, j'ai grand regret de n'avoir plus cette confiture de roses dont je vous avais vanté les mérites sur la foi du témoignage d'un mien ami qui s'en était fort bien senti. Mais il devrait vous être possible d'y remédier à condition de suivre soigneusement la recette que j'ai pu me procurer. Vous ne devriez pas avoir de peine à cueillir la quantité de roses suffisante dans le jardin de votre hôte où vous m'aviez mené la dernière fois que j'eus l'heur de vous faire visite. Mais vous devrez observer de cueillir toutes les roses au matin avant que le soleil ait passé dessus, parce qu'alors leurs substances essentielles sont comme concentrées par la fraîcheur de la nuit, au lieu que le soleil y étant passé, il s'en dissipe une partie. » Et la lettre se poursuit ainsi, avec de nombreuses autres précisions.

Or, deux ans après avoir inventé ce texte, que constate Patrick Rödel ? Tout simplement qu'Alain Minc a repris intégralement ce très long passage à son compte. Mais sans l'assortir de guillemets. Sans préciser que cette lettre est imaginaire. Sans même faire référence à l'ouvrage de Patrick Rödel. Du plagiat pur et simple. Et qui plus est du plagiat maladroit car le lecteur est ainsi fondé à croire que cette lettre est parfaitement authentique. Alors qu'en réalité, comme le relèvent les juges, la lettre de Johannes Bouwmeester est « fictive et servilement reproduite dans l'ouvrage d'Alain Minc ». Et ce n'est qu'un exemple parmi d'autres. Tout juste Alain Minc, au détour de son livre, fait-il une fois mention de la « charmante biographie imaginaire » de Patrick Rödel. Sans jamais avouer qu'il y a fait de nombreux emprunts.

Pris la main dans le pot de confiture (de roses), Alain Minc et son éditeur sont lourdement condamnés : ils doivent solidairement « payer à Patrick Rödel la somme de 100 000 francs à titre de dommages et intérêts », plus 20 000 francs en application de l'article 700 du code de procédure civile.

Cela a-t-il nui à Alain Minc ? Bien qu'il ait essuyé cette sévère condamnation, bien qu'il n'écrive pas souvent seul ses ouvrages et ait recours à des petites mains pour l'aider – parmi de très nombreux autres, le président de Terra Nova, Olivier Ferrand, ou Camille Landais, économiste à l'École d'économie de Paris, lui ont apporté dans le passé leur plume –, cela n'a rien changé : Alain Minc est presque dans tous les médias chez lui – comme le sont beaucoup d'économistes, même ceux qui ont multiplié les erreurs. Comme s'il était l'une des grandes voix françaises, une autorité intellectuelle, un phare précieux en ces temps de tempêtes.

L'ennui, pourtant, pour Alain Minc, c'est que son envie d'écrire sans cesse, sans aller au fond des sujets, cette envie d'être à la mode, mais en s'émancipant des règles auxquelles s'astreignent chercheurs ou universitaires, le conduisent souvent à professer de belles évidences qui deviennent vite, le temps passant, de graves erreurs. Mais, avec le recul, qui s'en souvient ? Qui se rappelle par exemple, aujourd'hui, la thèse qu'Alain Minc défend, en 1986, dans son essai intitulé *Le Syndrome finlandais* (Seuil). Déjà, dans ce livre, il vante les mérites de sa méthode de travail : « Dans le domaine des idées, la “superficialité profonde” peut être un forceps intellectuel. » Après ce bel aveu, il déroule son idée centrale : la finlandisation de l’Europe est en marche. « Si l’Europe, écrit-il, devient à long terme le Hong Kong moyennement prospère et fatigué d’un empire soviétique immobile, elle ne devra s’en prendre qu’à elle-même. Nous sommes les seuls coupables de notre marginalisation [...] La plausibilité du scénario d’une Europe-Hong Kong se mesure – malheureusement – à la facilité avec laquelle les pièces du puzzle stratégique s’emboîtent. À la pérennité, voire à l’accentuation de la pression soviétique répond l’indifférence des États-Unis. » En résumé, un danger principal menace la France, celui de devenir « le Finistère de l’Europe-Hong Kong ». Et l’auteur est tellement persuadé de la pertinence de son idée qu’il juge même d’y consacrer deux ans plus tard, en 1988, un second ouvrage, *La Grande Illusion* (Grasset), défendant exactement la même thèse, celle de la « finlandisation douce » de l’Europe.

Quelque temps plus tard, quand le Mur s’est effondré, quand le modèle soviétique a été balayé, bref quand l’Histoire a avancé par des chemins radicalement opposés à ceux décelés par Alain Minc, qui est venu rappeler à l’essayiste qu’il avait tout faux ? Pas grand monde, en vérité. Dans le système Minc, l’important est qu’un « succès » éditorial, amplement relayé par les médias, en chasse un autre. Et que l’oubli ensuite fasse son œuvre.

Dans le milieu des années 90, il repart en croisade. Comme la controverse du moment porte sur la mondialisation qui s’accélère, il fait comme à son habitude : esprit ramasse-miettes, il fait la synthèse de toutes les idées qui circulent, et il les présente en forçant lourdement le trait. Cela donne un essai caricatural – qui a en vérité bien mal vieilli, comme la plupart des travaux d'Alain Minc : *La Mondialisation heureuse* (Plon, 1997). Essai qui est truffé d'assertions péremptoires : « Aucune logique économique ne peut s'opposer à la mondialisation, ni lui servir d'alternative. Il n'existe plus d'autre mode de développement : tous ont été engloutis par leurs impasses et leurs propres erreurs. Le marché-roi n'a rien à craindre, le monde lui appartient et chaque jour renforcera son emprise. » Zéro nuance et aucune prise de distance, le nouveau croisé de la déréglementation prophétise une nouvelle ère de prospérité : « Je persiste et je signe : la mondialisation est heureuse. »

Alain Minc a trouvé un filon formidable. Il va le creuser et le recreuser à n'en plus finir. Dans un nouvel ouvrage, *www.capitalisme.fr* (Grasset, 2000), il enfonce le clou. À l'époque, le monde vient de connaître une bulle spéculative formidable, générée par les nouvelles technologies de l'information et de la communication. Surfant sur la mode du moment, Alain Minc prend la pose et, dans son essai, répète de manière prétentieuse les platitudes du moment : le mariage de l'Internet et du capitalisme anglo-saxon va générer un nouveau cycle de croissance formidable, un cycle Kondratiev – du nom de l'économiste stalinien qui a théorisé les cycles longs de l'économie couvrant des périodes de trente à cinquante ans. « Le www.capitalisme.fr est l'enfant du marché et d'Internet : avec lui se métamorphosent les rapports sociaux, les mécanismes d'enrichissement, les hiérarchies collectives. Une étrange société se met en place, qui verra cohabiter le plein emploi, l'exclusion et l'immigration », proclame fièrement la quatrième de couverture. Évoquant à plusieurs reprises « l'émergence d'un nouveau cycle Kondratiev », Alain Minc prédit une période faste pour la planète tout entière : « La carte économique mondiale est plus prometteuse qu'elle ne l'a été depuis des décennies : des agrégats macroéconomiques mieux gérés que dans le passé ; la disparition de modèles alternatifs susceptibles de provoquer des affrontements brutaux ; l'acceptation unanime du principe de prudence dans le maniement de la monnaie et du budget ; et enfin une capacité de gérer les crises qui ne cesse de se renforcer et dont a témoigné, en 1997, le traitement du risque asiatique et de ses débordements sur les principaux marchés financiers. »

Las ! Tout s'est en réalité passé à l'inverse de ce qu'avait dit le prophète de la « mondialisation heureuse ». D'abord, au moment même où il écrit, la bulle Internet a déjà explosé depuis quelques mois, et après une folle période d'euphorie, ce sera la gueule de bois. Surtout, une bonne décennie plus tard, la prédiction apparaît presque risible, tant « la carte économique mondiale » apparaît plus… calamiteuse « qu'elle ne l'a été depuis des décennies ». Et même, depuis 1929… Ainsi va Alain Minc, devisant savamment dans tous les médias sans jamais être contredit, sans que quiconque ne le renvoie à ses divagations passées.

L'éclatement de la bulle spéculative au tournant des années 2000, avec son cortège de scandales financiers, aurait, quoi qu'il en soit, dû inciter Alain Minc à être prudent. Eh bien non ! En 2004, dans un nouveau petit livre *Ce monde qui vient* (Grasset), il répète quasiment les mêmes choses : « Un nouveau cycle Kondratiev démarre. » Mais cette fois, après de longues digressions sur le sujet, il insiste sur un point qui lui semble majeur : nos économies occidentales peuvent connaître des reculs conjoncturels, ou des contestations sociales, mais pas de crise structurelle. Cela parcourt tout son mini-essai.

« L'essence de notre modèle, c'est sa capacité d'absorber les chocs, de les avaler, de les surmonter : le marché et la démocratie ne sont pas, contrairement aux apparences, des constructions fragiles mais au contraire d'exceptionnels amortisseurs. » Plus loin : « L'économie mondiale ressemble à un bolide conduit à pleine vitesse d'une seule main : tel est le sentiment le plus largement répandu. C'est tout le contraire : un mécanisme raffiné, mettant en mouvement des forces et des contre-forces, respectant les lois d'une thermodynamique particulière, et n'ayant connu depuis vingt ans ni accident majeur ni débordement durable. La charge de la preuve relevant, en cette matière comme en d'autres, du pur empirisme, la leçon est claire : le risque systémique est une construction de l'esprit. » Plus loin encore : « Ainsi l'économie contemporaine semble-t-elle à l'abri d'un accident endogène, c'est-à-dire une explosion née du jeu même du marché et que les coupe-feu traditionnels seraient incapables de cantonner. La machine est tellement huilée qu'elle sait faire litière du risque systémique. »

Profond autant que génial, n'est-ce pas ? En fait, pas une seule assertion ne s'est vérifiée. Tout faux ! De la première à la dernière ligne…

Quand la grande crise a commencé à partir de 2007, voilà de nouveau Alain Minc qui sort de sa boîte. Profitant de l'influence renforcée dont il jouit, depuis que Nicolas Sarkozy a été porté à la tête de l'État, l'éminence grise porte partout la bonne parole élyséenne. Jouant les économistes, Alain Minc est sur tous les fronts, défendant un jour les mesures fiscales les plus injustes prises par le gouvernement, se moquant le lendemain des dirigeants socialistes – sauf de Dominique Strauss-Kahn, dont il est aussi le conseiller occulte, et de Martine Aubry, avec laquelle il a fait l'ENA et qui est restée une amie.

Le soi-disant économiste n'est en réalité qu'un agent de propagande du sarkozisme dans les salons parisiens. Un jour, parce que l'Élysée est alors dans le déni, il assure que la crise est finie. Cela se passe le 11 octobre 2008 dans un studio de France Info, Alain Minc prononce une autre de ces prophéties ridicules dont il a le secret : la crise est « grotesquement psychologique », assène-t-il. Ce qui est assez logique : puisqu'il a passé les dix années précédentes à professer *urbi et orbi* que le système financier était trop sophistiqué et trop bien « huilé » pour accoucher d'une crise, il faut bien trouver une explication quand la planète est prise de gravissimes convulsions : non, ce n'est pas une crise à proprement parler, pas une crise économique en tout cas, tout juste une crise psychologique, une crise « grotesquement psychologique »…

Et puis parfois, dans ses diagnostics sentencieux perce aussi la morgue ou l'arrogance des « puissants » ou des « sachants » à l'égard de la plèbe : « Le salarié français qui perd son emploi parce que son usine se délocalise oublie que, le samedi au supermarché, son pouvoir d'achat profite de la mondialisation, qui fait baisser les prix », professe-t-il le 2 novembre 2011 dans *La Tribune*. Oui, pensez donc ! Cet ingrat d'ouvrier, ce borné de salarié oublie cette évidence qu'il a pourtant sous les yeux…

Voilà ce que produit le système parisien : avec la complicité de nombreux médias, c'est un conseiller du Prince, marchand d'influence de son état, qui tient en France le haut du pavé du débat économique, tandis que de grands savants de cette discipline n'ont pas accès à la presse, soit qu'on ne leur donne jamais la parole, soit qu'ils refusent de la prendre.

Peu importe que ses diagnostics aient perpétuellement été démentis par les faits ; peu importe qu'il dise blanc un jour et noir le lendemain : il est dans beaucoup de médias chez lui. Ainsi l'a-t-on entendu le 23 août 2011 dans *Le Figaro* professer que le « AAA » accordé à la France par les agences de notation était un « trésor national » détenu « en copropriété par tous les Français » et qu'il serait gravissime de le dilapider. Et, fier de sa trouvaille, il a tout au long de l'automne suivant annoncé la catastrophe si d'aventure la gauche faisait des promesses irresponsables conduisant à une possible dégradation, ou si le chef de l'État lâchait prise : « Nicolas Sarkozy est accroché au AAA de la France de manière totale, il joue sa peau d'une certaine façon. C'est un choix profond. Il ne peut pas se permettre une dégradation », poursuivait-il le 28 octobre suivant. Mais à peine l'agence Standard & Poors eut-elle annoncé, le 5 décembre 2011, que la France était placée sous surveillance et qu'elle pourrait être dégradée rapidement – ce qui sera chose faite quelques semaines plus tard, au début de janvier 2012 –, la prophétie d'Alain Minc est sur-le-champ oubliée, et Nicolas Sarkozy dit sur ce fameux « AAA » l'exact opposé de ce que son conseiller avait été chargé de proclamer : si les agences « devaient nous le retirer, nous affronterions cette situation avec sang-froid. Ce serait une difficulté de plus, mais pas insurmontable », tempère le chef de l'État dès le 12 décembre.

Qu'il me soit permis ici de faire une remarque incidente : oui… avec la complicité de certains médias ! Je le relève parce que j'ai toujours été frappé de constater que ce système ne tient que parce que des journalistes se prêtent complaisamment au jeu. Il ne se passe pas une semaine depuis que Nicolas Sarkozy a accédé à l'Élysée sans que l'on entende Alain Minc deux ou trois fois par semaine, invité au micro d'une radio ou sur un plateau de télévision. De tous les soi-disant experts français, c'est sûrement celui qui monopolise le plus la parole. Mais presque jamais ceux qui l'invitent ne font leur métier et ne posent les questions de bon sens. À chaque nouveau livre, Alain Minc fait la tournée des médias, mais personne ou presque ne se pose, ou ne lui pose la question de savoir s'il a écrit son ouvrage lui-même ou s'il a requis les services rémunérés d'aimables petites mains ; à chaque convulsion de la crise, on requiert son diagnostic comme s'il faisait partie des experts avisés, mais personne ou presque ne le confronte aux inepties économiques qu'il a pu dire pas plus tard que la semaine d'avant. Il nous faudra, un peu plus loin, parler de la presse, ou du moins de certains médias, parce que ce système oligarchique ne se survit à lui-même que parce que certains journalistes se prêtent au jeu.

Et tout cela, pour quels résultats ? Et dans quels buts ? C'est évidemment le fond de l'affaire : pour que le débat économique n'emprunte jamais des voies alternatives ; pour que les politiques économiques restent éternellement les mêmes, accommodantes pour les plus riches, rigoureuses et inéquitables pour les plus faibles.

Car c'est en cela qu'Alain Minc retient l'attention : cette fraction de l'oligarchie française, issue notamment de l'Inspection des finances, survit à chaque alternance, recommandant perpétuellement les mêmes politiques économiques, sous la gauche comme sous la droite. De cela, il faut en effet au moins donner crédit à notre entremetteur du capitalisme parisien : il n'a jamais vraiment varié dans ses recommandations de politique économique. Effectivement, il s'est battu tout au long de sa vie pour qu'elles ne sortent jamais de ce fameux « cercle de la raison ».

Ce combat-là, Alain Minc l'a d'abord mené au sein de la gauche. Ou plutôt au sein de la deuxième gauche et plus précisément de l'ex-Fondation Saint-Simon. Quand celle-ci est créée, en 1982, à l'initiative de militants issus du creuset rocardien ou d'anciens intellectuels proches du dirigeant de la CFDT, Edmond Maire, elle se fixe pour ambition de dépasser les clivages politiques anciens, opposant la gauche de tradition marxiste ou marxisante à la droite gaulliste ou autoritaire, et d'être un lieu tout à la fois de consensus et d'expertise. Un lieu où les nouveaux clivages sont plutôt ceux qui opposent les « archéos » et les « modernes » – les modernes étant bien évidemment, on l'aura deviné, du côté de la fondation.

Rassemblant des hauts fonctionnaires connus, des industriels de premier plan et des intellectuels de renom, elle est le temple de la nouvelle gauche – celle que l'on ne dénomme pas encore la gauche caviar. Le directeur financier de Saint-Gobain qu'est à l'époque Alain Minc comprend l'intérêt que peut revêtir pour lui cette fondation qui rassemble pêle-mêle les industriels Jean-Louis Beffa, Antoine Riboud, Jean-Luc Lagardère ou encore Christian Blanc, le haut fonctionnaire Jean Peyrelevade, le barriste Jean-Claude Casanova, les journalistes Laurent Joffrin, Jean Daniel, Serge July, Anne Sinclair, Franz-Olivier Giesbert ou encore Jean-Pierre Elkabbach.

C'est un peu par hasard qu'Alain Minc arrive à monter dans le train de la Fondation Saint-Simon. En fait, c'est une émission sur France 2, le 22 février 1984, intitulée « Vive la crise », qui le met sous les feux de l'actualité et qui lui permettra de faire son chemin dans les arcanes parisiens. Préparée par l'essayiste Jean-Claude Guillebaud, avec le concours du journaliste Laurent Joffrin, l'émission est d'un genre nouveau au petit écran : elle vise à dramatiser la crise économique que traverse la France, mais dans une mise en scène à grand spectacle. C'est Yves Montand qui joue les animateurs de luxe, commentant des films d'actualité mais interpellant aussi, de temps à autre, deux mêmes experts, dont l'avis est périodiquement sollicité : Michel Albert d'un côté et Alain Minc, de l'autre.

L'émission est, en réalité, émaillée d'incessantes exagérations ou commentaires partisans. On y voit un film d'actualité sur une manifestation, avec en incrustation ce commentaire : « Toujours plus ! » Après, Michel Albert prévient que la France est en train de rater le train de la troisième révolution industrielle et qu'elle pourrait devenir « une sorte d'Afghanistan ». À peine moins pessimiste, Alain Minc, lui, professe que le pays vit « un 1929 au ralenti ». Et pour faire bonne mesure, on voit quelques initiatives prises par des entrepreneurs dynamiques, qui savent s'émanciper de la léthargie dans laquelle la France est supposée être prise. Un chef d'entreprise est tout particulièrement cité en exemple, présenté comme modèle, et longuement interviewé : le dénommé Philippe de Villiers, qui vient de lancer le spectacle du Puy-du-Fou, en Vendée.

Alain Minc est mis sur orbite. La Fondation Saint-Simon va finir d'assurer sa notoriété. L'idée de la fondation n'est certes pas de lui et il en ressent quelque dépit. C'est François Furet, l'historien, qui en prend l'initiative, appuyé par Roger Fauroux, les deux amis devenant coprésidents de l'association. Pierre Rosanvallon, très vite, y joue les premiers rôles, appuyé quelques années plus tard par Denis Olivennes, l'ancien patron de la direction du

Nouvel Observateur qui dirige aujourd'hui le pôle média du groupe Lagardère.

Dans ces années, Alain Minc et Denis Olivennes se croisent souvent. Plus que cela, ils défendent exactement les mêmes idées, celles, encore en gestation en France, du social-libéralisme.

Pour la Fondation Saint-Simon, Denis Olivennes écrit en février 1994 une note qui fait grand bruit. Intitulée « La préférence française pour le chômage », elle défend la thèse très libérale selon laquelle des salaires trop élevés en France ont contribué à pousser le chômage à la hausse. La démonstration est en vérité contestable, car depuis le tournant de la « rigueur » des années 1982-1983, c'est à l'inverse la « désindexation compétitive » (en clair la rigueur salariale) qui est l'alpha et l'oméga des politiques économiques conduites par la droite et par la gauche.

Il n'empêche. Au sein de la deuxième gauche, la note fait sensation. Mais tout autant à droite, notamment dans les rangs des partisans d'Édouard Balladur. À l'époque, ce dernier prépare sa rupture avec Jacques Chirac et veut commencer à dessiner ce que pourrait être son programme de candidat à l'élection présidentielle. Pour cela, il a l'idée d'utiliser un ami, que Bernard-Henri Lévy lui a présenté : Alain Minc. Il le nomme à la présidence d'une commission qui, sous l'égide du Commissariat général du Plan, est chargée d'élaborer un « Rapport sur la France de l'an 2000 ».

Pour Alain Minc, qui devient à quelques mois de l'élection présidentielle président du conseil de surveillance du *Monde*, l'offre ne peut mieux tomber. À la tête du plus prestigieux des quotidiens français qu'il va pouvoir utiliser à sa guise ; en position, au travers d'AM Conseil, de conseiller d'une bonne partie des patrons du CAC 40 ;

et maintenant à la tête de la commission chargée d'élaborer le programme de celui des hommes politiques qui est donné favori à l'élection présidentielle : c'est pour lui la consécration. À la tête de cette commission du Plan, il se jette dans la campagne présidentielle.

Et de qui s'inspire-t-il pour conduire les travaux de sa commission ? De Denis Olivennes ! Faisant sienne la thèse de la note de la Fondation, le rapport de Minc recommande une politique de rigueur accentuée : « La société française a fait, consciemment ou non, le choix du chômage [...] La Commission pense que le coût salarial par tête [...] doit augmenter moins vite que la productivité [...] » Et d'ajouter, au sujet du Smic : « La Commission a fait le choix d'une solution "raisonnable" : au minimum, remettre en cause le principe des coups de pouce [...] ; et au maximum, revenir à la simple indexation sur les prix » (au lieu du dispositif légal qui prévoit une indexation chaque 1er juillet sur les prix, majorée de la moitié de la hausse du pouvoir d'achat du salaire ouvrier). C'est bel et bien l'austérité salariale que recommande Alain Minc.

Dès cette époque, Alain Minc, très proche d'Édouard Balladur et de son bras droit Nicolas Sarkozy, travaille main dans la main avec Denis Olivennes. En politique mais tout autant dans la vie des affaires. Conseiller de l'ombre de François Pinault, Alain Minc cherche ainsi à faire la pluie et le beau temps au sein de l'empire industriel du milliardaire, le groupe PPR. Il intrigue pour écarter Serge Weinberg (qui est pourtant censé être son ami !) et introniser Pierre Blayau comme président du directoire. Et en 2000, il contribue à mettre sur la touche Jean-Paul Girod, le patron de la Fnac (filiale du groupe PPR), pour introniser son ami... Denis Olivennes !

Ainsi va la vie de la petite oligarchie parisienne. Dans ce système de consanguinité à la française, où les journalistes font parfois la courte échelle à ceux qu'ils sont censés décrire, Alain Minc a ainsi été récompensé pour ses travaux d'économiste. Cela s'est passé en 2004, à l'occasion de la publication de son livre *Les Prophètes du bonheur – Une histoire personnelle de la pensée économique* (Grasset).

L'ouvrage était certes truffé d'erreurs, comme l'a relevé à l'époque le magazine *Alternatives économiques* (nº 225) : « James Smith à la place de James Mill, Kondratiev fusillé alors que personne n'en sait rien, Kautsky changé en Kanisky, la théorie des institutions devenue théorie des intuitions. » Mais quelle importance ! Pour ce travail si « personnel », un jury pas trop regardant, présidé par Marc Ladreit de Lacharrière (dont le groupe contrôle Fitch, l'une de ces si contestées agences de notation !), et composé d'une ribambelle de journalistes connus (dont l'actuel directeur du *Monde*, Erik Izraelewicz, et des représentants du *Figaro*, des *Échos* ou encore du *Nouvel Observateur*) a attribué à Alain Minc le prix du... Livre d'économie !

Ce n'est pas le prix du meilleur économiste de France, mais c'est tout comme. Il faut dire, tout de même, qu'Alain Minc a au moins un mérite. S'il a fait perdre des fortunes à beaucoup de ses clients, il a su en accumuler pour lui-même : selon une information révélée par le site Internet Wansquare, sa société AM Conseil a procédé le 4 novembre 2011 à une réduction de capital aux termes de laquelle elle a racheté à son principal actionnaire, en clair Alain Minc, « près de la moitié des actions qu'il détient, pour un montant total estimé à 14,456 millions d'euros ». Et le site expliquait : « La grosse différence entre cette réduction de capital et celles que l'on voit se pratiquer habituellement, c'est qu'AM Conseil ne versera rien en cash à son unique propriétaire. Il devrait recevoir, pour une somme estimée à près de 7,3 millions d'euros, la pleine propriété de l'appartement situé près du Champ-de-Mars dans lequel il réside, et pour près de 7,2 millions d'euros un ensemble de 113 œuvres d'art, parmi lesquelles les plus belles pièces sont un tableau de Basquiat, un autre de Rudolf Stingel ou un salon signé de Jean Royère. »

CQFD ! La crise est « grotesquement psychologique ». Pour Alain Minc, c'est vrai…

8

The hyper Attali Company

La « pensée unique » : voilà donc le vrai danger de cette dérive mortifère qui a gagné le microcosme des économistes français les plus médiatisés. Et si Alain Minc est l'un des grands prêtres de ce système parisien, il n'est pas seul. Il a même son double : Jacques Attali ! C'est l'un des autres atouts maîtres du jeu des sept familles du capitalisme de connivence à la française. Vous avez aimé Alain Minc ? Alors vous adorerez Jacques Attali…

De prime abord, on pourrait penser que Jacques Attali a une compétence autrement plus incontestable qu'Alain Minc. Car lui au moins sait de quoi il parle, quand il s'aventure à deviser sur l'économie. Énarque comme son compère et de surcroît polytechnicien, il a aussi un doctorat d'État en sciences économiques. Une grosse tête, donc, une belle intelligence. Et c'est un économiste, un vrai, pas comme Alain Minc…

Et pourtant, non ! La vérité, c'est que si Jacques Attali a un vrai jumeau biologique, son frère Bernard, il a pour jumeau idéologique Alain Minc. L'un comme l'autre exercent exactement le même métier, celui de marchand d'influence. Et dans le débat économique, tous deux font le même office : essayer perpétuellement d'enfermer dans le « cercle de la raison » toutes les politiques économiques ; jouer de leur influence au gré des alternances, pour que rien ne change. En ce sens, ils sont l'un et l'autre deux représentants emblématiques de l'oligarchie française, naviguant perpétuellement de gauche à droite – et en fait de plus en plus à droite – pour vendre les politiques les plus favorables aux classes dominantes…

Il faut donc nous pencher sur le cas Jacques Attali, d'autant que celui-ci a lourdement pesé durant le quinquennat 2007-2012 de Nicolas Sarkozy, en présidant la commission qui a porté son nom : la commission Attali.

On l'a vu avec Alain Minc : le propre d'un marchand d'influence, c'est de naviguer dans plusieurs mondes à la fois, et d'en jouer sans cesse. Jacques Attali fonctionne à l'identique : patron d'une association à but humanitaire, banquier d'affaires, lobbyiste, conseiller occulte, il est tout cela à la fois et en même temps. Lui aussi cherche en permanence à tirer avantage des positions qu'il occupe dans l'un de ces univers pour intriguer dans les coulisses de l'univers voisin.

Jacques Attali a une première vitrine officielle, celle dont il se montre le plus fier : le microcrédit. Grâce à l'association qu'il a créée en 1998, PlaNet Finance, il se présente, en toute immodestie, comme l'un des sauveurs du monde. Il s'agit, lit-on sur son site, d'une « organisation de solidarité internationale qui a pour mission d'aider les populations pauvres à développer une activité génératrice de revenus de manière autonome afin d'améliorer leurs conditions de vie de manière durable ». Le but est louable et l'organisation apparaît puissante : « Forte d'un réseau mondial de 112 experts actifs dans 49 pays, PlaNet Finance propose des services de conseil et d'assistance technique aux acteurs de la microfinance afin d'améliorer leurs performances financières et sociales, ainsi que des programmes d'accompagnement des micro-entrepreneurs. PlaNet Finance contribue également à l'amélioration des connaissances en microfinance et à la diffusion de bonnes pratiques. » Diable ! Et on oserait prétendre que l'homme qui a construit une aussi généreuse organisation n'est pas un bienfaiteur de l'humanité ?

Las ! Quand on pénètre plus avant dans l'association, on s'aperçoit que si la vitrine est sympathique, les arrière-salles ne sont pas toujours aussi avenantes. D'abord, l'association a pour spécialité l'assistance technique aux acteurs de la microfinance. Ce qui était sûrement utile voici une ou deux décennies, mais ce qui ne l'est plus depuis belle lurette : la plupart des acteurs locaux de la microfinance n'ont guère besoin d'assistance technique car le savoir-faire est désormais bien partagé. De fait, si PlaNet Finance offre à Jacques Attali une belle carte de visite, celle-ci ne fait plus guère illusion dans les milieux qui connaissent la microfinance.

Le crédit de l'association a, en outre, été terni par une cascade d'affaires à répétition. L'association souffre ainsi d'une mauvaise image sociale, comme le relevait l'enquête de mon confrère Ludovic Lamant sur *Mediapart* (27 février 2009) : « Comme beaucoup d'associations dans le secteur du développement, PlaNet a usé et abusé de stagiaires et de jeunes diplômés en CDD. Jusqu'à des situations extrêmes : en 2002, l'organisation compte 60 % de stagiaires, 10 % de bénévoles et seulement 30 % de permanents… Le recours massif aux contrats précaires ne s'atténue qu'à partir de 2005. En 2007, la très grande majorité des collaborateurs sont des permanents. Mais encore aujourd'hui, les postes de directeur de cabinet du président et du vice-président sont occupés par des stagiaires, qui changent tous les six mois. Des profils bac + 5, rémunérés 400 euros par mois, comme dans cette annonce mise en ligne le 5 août 2009, remarquée par *Le Monde*. »

Constat sévère ! Car, effectivement, l'image que Jacques Attali aime à donner de lui-même ne correspond pas toujours à ses pratiques. C'est même souvent le grand écart. Et cette affaire de petite annonce, relevée par *Le Monde*, a valeur d'exemple. Début août 2009, PlaNet Finance avait en effet fait savoir sur son site que quatorze stages étaient à pourvoir dans ses locaux à Paris, dont un poste de « chef de cabinet du vice-président » payé au lance-pierre : 400 euros. À l'époque, l'affaire avait fait beaucoup de bruit car dans le rapport de la commission qui portait son nom, la commission Attali, publié un peu plus d'un an auparavant, le fondateur de l'association préconisait noblement que les étudiants effectuant un stage soient « décemment rémunérés » et que les entreprises « qui recourent de façon récurrente aux stagiaires pour occuper des postes de travail, au lieu de recruter des jeunes de façon pérenne, doivent en être dissuadées ».

Faites ce que je dis, mais ne dites pas ce que je fais… Autre exemple : par jugement en date du 19 octobre 2011, l'association PlaNet Finance a été condamnée par le conseil des prud'hommes de Bobigny à verser à l'un de ses cadres, Cyrille Parant, « 30 000 euros au titre de dommages et intérêts pour licenciement sans cause réelle ainsi que 2 000 euros au titre des dispositions de l'article 700 du code de procédure civile ».

PlaNet Finance a également été ébranlée par les turbulences judiciaires dans lesquelles son fondateur a été pris, lors du scandale de l'Angolagate. Même si Jacques Attali est finalement relaxé « au bénéfice du doute », le

27 octobre 2009, par le tribunal correctionnel de Paris, cette affaire mérite d'être détaillée parce qu'elle éclaire l'une des facettes importantes du personnage.

Tout commence par sa mise en examen en 2001 pour « recel d'abus de biens sociaux et trafic d'influence », du fait de son implication supposée dans l'une des nombreuses ramifications de l'Angolagate. Deux personnalités principales, Pierre Falcone et Arcadi Gaydamak, sont au cœur de ce scandale. Elles sont poursuivies pour des ventes d'armes illégales, dont les facturations ont transité par deux sociétés, Brenco France et ZTS-Osos. Mais, en plus d'eux, quarante autres prévenus sont aussi poursuivis, pour des motifs variés, dont une ribambelle de « célébrités » parmi lesquelles Charles Pasqua, Jean-Charles Marchiani ou encore Jean-Christophe Mitterrand, le fils de l'ancien président, aussi dénommé « Papamadi » du temps où il suivait pour l'Élysée les affaires africaines. Et donc aussi Jacques Attali.

Tout ce petit monde finit par comparaître pour un procès-fleuve, à partir du 6 octobre 2008. La suite, c'est ma consœur du *Monde*, Pascale Robert-Diard, qui la raconte dans un billet de blog en date du 8 janvier 2009 : « On est en 1997 et 1998. Jacques Attali a un ami, Alain Guilloux, qui est aussi son conseiller fiscal. Les deux hommes ont l'habitude de partager un café chaque dimanche. Ils partagent désormais le banc des prévenus dans l'affaire de l'Angolagate, qui vaut à l'ancien conseiller de François Mitterrand de comparaître pour trafic d'influence. Son cas a été examiné du lundi 5 au mercredi 7 janvier par le tribunal. Car Alain Guilloux était aussi le conseiller fiscal de l'homme d'affaires Arcadi Gaydamak, lui-même associé de Pierre Falcone dans les ventes d'armes à l'Angola. Or, ces deux-là avaient un grave problème. Ils étaient menacés d'un redressement fiscal de 2,2 milliards de francs, "le plus gros de l'histoire fiscale française", sur la société ZTS-Osos qui a assuré la vente d'armes au gouvernement du président angolais Dos Santos. Jacques Attali avait aussi beaucoup d'autres amis. Dont Hubert Védrine, alors ministre des Affaires étrangères, et Dominique Strauss-Kahn, alors ministre de l'Économie et des Finances. L'un comme l'autre, dans leurs fonctions respectives, intéressaient beaucoup Alain Guilloux pour le compte de ses deux clients, Arcadi Gaydamak et Pierre Falcone. Entre amis, on peut se demander des services. C'est ainsi qu'un jour de septembre 1998, alors que Jacques Attali a invité Hubert Védrine à déjeuner chez lui, Alain Guilloux fait son apparition en voisin au moment du dessert. "Dans le hall", il s'entretient rapidement avec le ministre des Affaires étrangères pour évoquer le sort de la société ZTS-Osos. »

Et ma consœur poursuit : « Quelques mois plus tard, alors que les menaces de redressement fiscal se précisent dangereusement, Alain Guilloux sollicite une nouvelle fois son ami, Jacques Attali, auquel il demande de faire parvenir un pli à Hubert Védrine. Si possible avec une lettre d'accompagnement. À la barre, Jacques Attali s'explique :

"Je ne voulais pas me fâcher avec un ami", dit-il.

Il accepte de jouer le télégraphiste, mais refuse d'ajouter un mot signé de sa main.

"J'ai ouvert le pli, je l'ai rapidement feuilleté, j'ai vu qu'il s'agissait d'une affaire fiscale et je n'ai pas voulu y associer mon nom", dit-il.

Il se contente de le remettre à son chauffeur auquel il demande de "le mettre dans la boîte aux lettres pour qu'il n'y ait pas de trace… J'avais la certitude que mon nom n'apparaîtrait pas".

Manque de chance, le chauffeur ne trouve pas la boîte aux lettres du Quai d'Orsay et remet donc le pli au concierge du ministère qui y appose benoîtement le nom de l'expéditeur, Jacques Attali.

Pendant ce temps, Alain Guilloux se prévaut auprès de ses deux clients inquiets de ses conversations "avec Jacques". Les nombreux messages qu'il laisse à la secrétaire de Pierre Falcone en témoignent : "J.A. est très optimiste quant à la façon dont sera traité le dossier", "Parlé avec J.A. ce matin".

"C'était sans doute une façon de se faire mousser auprès de ses clients", constate Jacques Attali lorsque le président Jean-Baptiste Parlos lui cite la teneur de ces messages.

Ce qui vient compliquer le tableau pour Jacques Attali, c'est que dans les mêmes années 1997-1998 sa société Attali Conseil & Associés contracte avec une banque angolaise, la BAI, une mission sur le microcrédit facturée 200 000 dollars. Mais la facture est réglée par une société de Pierre Falcone.

"Je n'ai pas pensé une seconde que nous avions été payés par quelqu'un d'autre que la BAI. Je n'ai pas fait de vérification. Il y a peut-être un défaut de vigilance", admet Jacques Attali.

"J'ai sans doute avancé l'argent sur ma trésorerie, mais c'est l'Angola qui paie cette mission », assure Pierre Falcone en se retranchant, une fois de plus, derrière le secret défense pour ne pas donner de plus amples explications.

L'accusation voit dans ce contrat la contrepartie de la sollicitation d'"influence" de Jacques Attali. Mais à l'audience, elle ne parvient pas à en établir la preuve pénale.

À la barre, Jacques Attali est formel : "Je ne connais rien à ce dossier fiscal. Je jure sur ce que j'ai de plus cher au monde que je n'ai pas parlé de l'Angola à Hubert Védrine. Je suis tranquille avec ma conscience."

Interrogé pendant l'instruction par le juge Philippe Courroye, Hubert Védrine confirmait que l'ancien conseiller de François Mitterrand ne lui avait pas parlé "directement" de l'affaire fiscale ZTS-Osos. Quant au rôle d'intermédiaire auquel Jacques Attali avait accepté de se prêter, il a valu à Hubert Védrine ce commentaire laconique :

"Si vous me demandez un avis d'ensemble, je pense qu'il aurait mieux fait de s'abstenir. Je préfère l'Attali intellectuel à celui qui fait ce genre de démarche." »

Le jugement qui est finalement prononcé le 27 octobre 2009 donne lui-même quelques détails complémentaires sur ce versant de l'affaire : « [...] Toujours sous la qualification de trafic d'influence, mais cette fois envers un particulier, il était reproché à Messieurs Falcone et Gaydamak d'avoir versé ou fait verser 300 000 francs en espèces et 200 000 francs par virement au profit de Monsieur Guilloux, afin qu'il sollicitât l'intervention de Monsieur Jacques Attali et que celui-ci usât de son influence réelle ou supposée auprès de Monsieur Hubert Védrine, ministre des Affaires étrangères, et de son département ministériel, en vue d'obtenir une décision favorable relative au redressement fiscal visant la société slovaque ZTS-Osos et ses mandataires en France. Selon la poursuite, cette intervention avait été rémunérée à hauteur de 160 000 dollars, somme débitée en juillet 1998 et avril 1999 du compte ouvert au nom de Brenco Trading

Limited à la banque Cantrade Ormond Burrus à Genève, au bénéfice du cabinet de Attali Conseil & Associés, sous couvert d'un contrat conclu entre ce cabinet et la Banque africaine d'investissements, à Luanda, pour une étude relative à la mise en place d'un système de microcrédit en Angola, étude elle-même sous-traitée, pour 300 000 francs, à une société extérieure, prestataire de services du cabinet Attali." »

Mais le tribunal estime, toutefois, que le doute doit profiter à Jacques Attali. Alors que 36 personnalités sont condamnées, dont certaines lourdement, l'ancien sherpa de François Mitterrand fait partie des six autres prévenus qui bénéficient d'une relaxe. « La preuve n'est pas rapportée que M. Attali a pu connaître l'origine des sommes reçues », explique ce jour-là le président du tribunal. Mais la manière dont la relaxe est prononcée retient envers et contre tout l'attention, car si Jacques Attali échappe à une condamnation pénale, il n'échappe pas, si l'on peut dire, à une condamnation morale : « Pris isolément ou considérés ensemble, ni les éléments qui fondent la poursuite, ni ceux qui la combattent n'emportent la conviction, après avoir rappelé que la réprobation que peut susciter un comportement ne saurait être un critère d'appréciation des preuves ou un motif de culpabilité. Dès lors, le tribunal n'a pu se départir d'un doute sur l'existence d'une contrepartie convenue préalablement aux interventions de M. Attali auprès du ministre des Affaires étrangères pour le compte de M. Guilloux. »

Dans ce jugement de relaxe, il y a comme un fil rouge qui permet de mieux comprendre qui est Jacques Attali et les univers complexes dans lesquels il se déplace.

S'il m'est permis de livrer ici un souvenir personnel, c'est l'intéressé lui-même qui m'a mis un jour sur la piste.

Alors que je préparais mon livre d'enquête sur Alain Minc, je suis venu le voir en 2006 pour recueillir son témoignage et le faire parler de ses souvenirs. Lui expliquant qui était le héros de mon essai, il a eu ce cri du cœur : « Ah ! C'est Alain... Mais il fait le même métier que moi. » Et mon interlocuteur s'est sur-le-champ refermé comme une huître. Il ne m'a presque plus rien dit...

L'organisation même de PlaNet Finance vient confirmer ce rôle d'intercesseur que joue Jacques Attali depuis quelques années dans les coulisses du capitalisme français. L'association comprend un « comité d'honneur » où siègent une pléthore de personnalités parisiennes, dont Rachida Dati, qui était garde des Sceaux au moment du procès et qui a fait ses classes auprès de notre grand homme à la Banque européenne de reconstruction et de développement (Berd). « Cette femme est faite de fidélités. Elle se ferait tuer pour ceux qui l'ont aidée », a déclaré ainsi dans *L'Express* (25 octobre 2007) Jacques Attali à propos de son ancienne collaboratrice.

Au sein de ce même « comité d'honneur », on trouve encore Guillaume Sarkozy, le frère de Nicolas, et délégué général du groupe de prévoyance Malakoff Médéric. Via une filiale, Médéric Harmonie, ce groupe a investi 625 000 euros, en mai 2009, dans PlaNet Guarantee, la filiale de PlaNet Finance spécialisée dans la micro-assurance, soit 23,59 % de son capital. Il est aussi l'un des mécènes qui ont permis à PlaNet Finance de s'installer dans un immeuble entier, début 2011, au 44 rue de Prony, dans le 17e arrondissement de Paris. Par son intermédiaire, PlaNet Finance a obtenu pour s'installer dans les lieux des conditions ultraprivilégiées : une franchise de loyer de six mois à l'aménagement, une limitation de l'indexation des loyers à 2,5 % par an pendant les trois premières années, le paiement du loyer à terme échu alors que la pratique du marché est trimestrielle d'avance, et le tout… sans dépôt de garantie !

Annonçant ce déménagement – mais sans donner tous ces détails –, PlaNet Finance précisait par un communiqué en date du 7 janvier 2011 que cela n'avait été possible que « grâce au soutien de ses mécènes et en particulier de Malakoff Médéric, du groupe Altavia, de COPAP et du groupe Allard ». On peut en déduire qu'en plus des facilités apportées par le groupe de Guillaume Sarkozy, les trois autres mécènes ont pris en charge tout ou partie des loyers.

Au sein du conseil d'administration, que Jacques Attali préside, on trouve par ailleurs une belle brochette de personnalités qui comptent dans la petite vie du capitalisme parisien. Il y a ainsi Philippe Peuch-Lestrade, l'une des figures en France du cabinet d'audit Ernst & Young, qui, dans le passé, a longtemps travaillé au sein du cabinet Arthur Andersen, avec Éric Woerth, l'ex-ministre du Budget mis en examen dans l'affaire Bettencourt. Il y a aussi le richissime homme d'affaires Alexandre Allard, que son ami Jacques Séguéla définit comme « un mélange de Bernard Arnault et de Bernard Tapie » et qui a été au centre de longues polémiques à cause de son projet de transformation du prestigieux Hôtel de la Marine, place de la Concorde à Paris (l'ancien Garde-meuble de Louis XV). Que vient faire dans cette aventure ce milliardaire qui a la réputation d'être raide en affaires et dont l'image se marie mal avec une grande cause humanitaire ? Nous le verrons bientôt…

Au conseil de PlaNet Finance, on trouve encore Jean-Michel Darrois, l'avocat mondain d'une bonne partie du CAC 40 dont Martin Bouygues, qui est aussi l'un des proches amis et associé en affaires d'Alain Minc. Ou encore Henri Lachmann, l'ex-patron ultrachiraquien de Schneider Electric, et Anne-Claire Taittinger, l'une des rejetons de la richissime famille, administratrice notamment de Carrefour et du Club Méditerranée. Il y a enfin – retenons son nom, car nous le croiserons bientôt de nouveau – Patrick Combes, le P-DG de Viel & Compagnie, une société financière qui contrôle notamment le courtier en ligne Bourse Direct, qui est l'actionnaire majoritaire de la Compagnie Financière Tradition (CFT) et qui contrôle 40 % du capital de la banque SwissLife Banque Privée, très active dans la banque privée en France. Ami proche de Nicolas Sarkozy, Aldo Cardoso, l'ex-président du cabinet Andersen Worldwide préside par ailleurs le comité d'éthique de PlaNet Finance.

Pas grand-chose à voir, donc, avec l'organisme de direction d'une œuvre philanthropique ou caritative : on dirait plutôt le conseil d'un groupe du CAC 40. Les principaux collaborateurs de Jacques Attali viennent d'ailleurs, pour beaucoup d'entre eux, du même univers, tel Richard Odent qui est le secrétaire général des filiales et qui est un ancien de la banque Lazard, ou encore François Durollet, qui est directeur général et un ancien de Dexia, la sulfureuse banque franco-belge qui a infecté de produits toxiques de très nombreuses collectivités locales.

Financés par de nombreux groupes industriels ou financiers, Jacques Attali les a fait entrer au capital de nombreuses petites sociétés qui fonctionnent comme des satellites de PlaNet Finance. On trouve ainsi parmi les sponsors ou alliés de ces filiales BNP Paribas, le groupe Médéric dirigé par Guillaume Sarkozy ou encore la Société Générale.

Et pourquoi PlaNet Finance a-t-elle les apparences non pas d'une association spécialisée dans la lutte contre la pauvreté mais celle d'une société financière ? La réponse est en vérité assez simple : c'est que, toujours à l'image d'Alain Minc, les liens qu'il tisse dans un monde, Jacques Attali les utilise dans un autre monde. Avec lui, tout s'interpénètre : ceux sur lesquels il s'est appuyé pour lancer PlaNet Finance et construire ses comités de direction sont aussi ceux, en certaines circonstances, avec lesquels il fait des affaires. Pas des affaires désintéressées. Non ! De vraies affaires. Pour son bénéfice personnel.

On peut trouver un premier indice de ce mélange des genres dans une autre société, en vérité assez peu connue, mais digne d'intérêt : « The Hyper Company ». Évidemment, on pense aussitôt à la « World Company » des Guignols de l'info et l'on imagine que c'est une farce. Et pourtant, non. C'est une société tout ce qu'il y a de plus sérieux. Déposés le 11 septembre 2009 dans leur dernière mise à jour, les statuts de la société, qui a été créée en 2000 sous l'égide de la Compagnie financière Edmond de Rothschild, et qui est récemment devenue une SARL, précisent son objet : « la prise et la gestion de toutes participations au capital d'entreprises par souscription ou achat d'actions ou de titres de toute nature [...], la gestion de portefeuille de valeurs mobilières ainsi que toutes les options d'achat, de vente, d'échange, de souscription de valeurs mobilières ». En clair, c'est une société pour faire des coups financiers, placer de l'argent, faire des plus-values...

Mais Jacques Attali ne semble guère meilleur gestionnaire ni stratège qu'Alain Minc, car The Hyper Company n'est visiblement pas une société de placement très florissante. Pour 2009 et 2010, ses comptes affichent même des pertes. Mais enfin ! Elle multiplie les prises de participations dans les secteurs de pointe : un jour dans une petite PME dénommée Cytale, une entreprise qui a créé un appareil de lecture électronique et qui vivote après avoir fait faillite une première fois ; le lendemain dans une autre PME, Mauna Kea Technologies, spécialisée dans l'imagerie médicale.

Et qui sont les gentils associés de cette mystérieuse coquille financière dénommée The Hyper Company ? On l'aura deviné : il y a le seul, l'unique, l'incomparable, « the hyper Attali », qui est l'un des associés de cette Hyper Company par le truchement d'une société dont il est le gérant, Attali & Associés Ventures. Il est d'ailleurs plus qu'un associé : c'est lui aussi le gérant de cette Hyper Company. Car le grand intellectuel, le généreux organisateur de la lutte contre la pauvreté a de multiples autres activités sur lesquelles il est beaucoup moins prolixe – et sur lesquelles, il faut bien le dire, la presse ne l'interroge jamais. De multiples autres activités beaucoup plus terre à terre, qui répondent à un trivial commandement : « faire » de l'argent. En quelque sorte, The Hyper Company, c'est l'équivalent d'Oléron Participations pour Alain Minc et Pierre Bergé.

C'est l'intérêt de cette mystérieuse société : elle livre un petit bout de l'autre carnet d'adresses de Jacques Attali, pas l'officiel mais l'officieux, celui dont il se sert pour faire des affaires. Intéressant carnet d'adresses car si Jacques Attali a fréquemment dénoncé, depuis le début de la crise, les dérèglements de la finance, il est en réalité totalement immergé dans ce monde. Docteur Jacques et Mister Attali.

Ainsi, parmi les associés de la société The Hyper Company, on relève les noms de Yaron Bruckner, le président d'un groupe new-yorkais, East River Partners, spécialisé dans le conseil pour les projets de développement en Chine ; celui de René Karsenti, le président de l'International Capital Market Association, une association qui regroupe tous les opérateurs sur les marchés des capitaux, dont toutes les grandes banques ; celui de Jean-Valmy Nicolas, directeur général d'un fonds d'investissement dénommé Vespa Capital et ancien consultant chez Attali & Associés ; celui de Philippe Brunswick, un avocat d'affaires, spécialiste des fusions-acquisitions ; ou encore celui de Nicolas Gaume, un homme d'affaires qui a fait fortune dans les jeux vidéo. P-DG du groupe Danone, Franck Riboud fait aussi partie du lot. Il faut dire qu'il a, lui, des économies à ne plus savoir qu'en faire. Figurant parmi les grands patrons français se servant les rémunérations les plus indécentes, il s'est encore offert un petit cadeau pas plus tard qu'en novembre 2011, selon le site Wansquare, en levant 210 000 stock-options, porteuses d'une plus-value potentielle de près de 3,3 millions d'euros. Et dire que ces salauds de pauvres ne sauront pas même saluer la prouesse qu'il y a, en ces temps de crise, à réaliser semblable culbute…

À cette liste, il faut encore ajouter une autre personnalité : Patrick Combes, le P-DG de Viel & Compagnie, que nous avons déjà croisé, et qui siège au conseil de PlaNet Finance. Ce qui donne évidemment une indication précieuse sur Jacques Attali : ceux avec lesquels il conduit ses activités de microcrédit peuvent être aussi ceux avec lesquels il fait des affaires. Comme Alain Minc.

Le jugement du tribunal correctionnel que nous avons évoqué un peu plus tôt, concernant le scandale du trafic d'armes de l'Angolagate, apporte d'ailleurs un autre indice qui confirme l'interpénétration des différents carnets d'adresses de l'ancien collaborateur de François Mitterrand. Ce jugement rappelle en effet que, à l'origine, l'accusation avait pensé que l'intervention de Jacques Attali dans ce dossier « avait été rémunérée à hauteur de 160 000 dollars, somme débitée en juillet 1998 et avril 1999 du compte ouvert au nom de Brenco Trading Limited à la banque Cantrade Ormond Burrus à Genève, au bénéfice du cabinet de Attali Conseil & Associés, sous couvert d'un contrat conclu entre ce cabinet et la Banque africaine d'investissements, à Luanda, pour une étude relative à la mise en place d'un système de microcrédit en Angola, étude elle-même sous-traitée, pour 300 000 francs, à une société extérieure, prestataire de services du cabinet Attali ».

La charge est finalement tombée, mais une indication reste : dans la galaxie des affaires que conduit Jacques Attali, il faut encore prendre en compte une autre activité, celle que conduit ce « cabinet Attali », ou pour être plus précis le cabinet qui a pour dénomination Attali & Associés.

Cette nouvelle structure mérite elle aussi une grande attention. Car, si Jacques Attali aime faire savoir qu'il fait don de sa généreuse personne à la cause du microcrédit dans le seul et noble souci de faire reculer la misère dans le monde, et qu'il n'est pas rémunéré pour cette activité, il en va différemment de « A & A », qui est une société privée de conseil créée en 1994, quelque temps après son départ dans des conditions tourmentées de la direction de la Banque européenne pour la reconstruction et le développement (Berd).

C'est la partie la plus souterraine de l'activité de Jacques Attali. Son site Internet personnel se borne à des généralités : « Le cabinet Attali & Associés a été fondé en

1994 par Jacques Attali, et rassemble depuis plus de quinze ans toutes les compétences en matière de conseil stratégique, corporate finance et de capital-risque pour aider les entreprises à connaître un développement alliant croissance durable et rentabilité. » Plus loin, le site précise : « A & A conseille des présidents d'entreprises du CAC 40, de multinationales étrangères et de PME en croissance dans leur compréhension du monde contemporain, des nouveaux défis et des nouvelles frontières, mais également la définition et la mise en œuvre de leurs stratégies de développement à long terme. A & A offre une gamme complète de conseils en fusions et acquisitions », mais Jacques Attali se garde bien de préciser quels sont les P-DG du CAC 40 qu'il conseille.

Conseiller occulte, banquier d'affaires, lobbyiste : Jacques Attali est donc un peu tout cela à la fois, pour de très grands groupes dont il ne décline pas l'identité. Il n'y a pas d'étanchéité entre cette activité et celle du microcrédit. C'est ce que révèle le jugement dans l'affaire de l'Angolagate : le cabinet Attali intervient lui aussi dans le microcrédit et peut percevoir des rémunérations à ce titre.

En cherchant bien, on finit par lever un petit coin du voile. D'abord, on comprend que la petite structure de conseil de Jacques Attali lui permet, entre autres, de réaliser ses propres investissements personnels. « A & A » a ainsi investi pêle-mêle dans Evene.fr, un agrégateur sur Internet d'informations culturelles contrôlées par *Le Figaro* ; dans Linktone, une société de services spécialisée sur le marché chinois ; dans Pharnext, une société biopharmaceutique dans laquelle a également investi l'homme d'affaires Jean-Charles Naouri ; dans Solarnéo, une PME qui fabrique des serres photovoltaïques. Bref, comme tant d'autres économistes français, Jacques Attali est partout, même là où on ne le soupçonne pas. Il murmure à l'oreille des grands patrons, il place de l'argent à tout-va dans une cascade de PME, il intrigue dans les coulisses du pouvoir. Mais ce n'est pas tout.

Le site Internet de l'intéressé révèle également, sans s'y attarder, que « le groupe Attali & Associés a noué un partenariat capitalistique et opérationnel avec Louvre Alliance, cabinet de conseil en organisation, management et système d'information, ainsi qu'avec Zalis, cabinet spécialisé dans le sauvetage et le redressement d'entreprises en difficulté ». Ce « partenariat capitalistique et opérationnel » que Jacques Attali a noué avec Louvre Alliance – il en préside d'ailleurs le conseil de surveillance – livre une indication forte. Cette société de conseil a en effet été créée en 2004 par des anciens d'Arthur Andersen, le cabinet d'audit américain qui a implosé lors de la crise engendrée par les scandales d'Enron et WorldCom. Les fondateurs de Louvre Alliance, qui a une activité de conseil pour des grands groupes privés ou publics, des collectivités territoriales ou des fonds d'investissement, revendiquent d'ailleurs cette filiation, s'inscrivant dans la même « culture économique » et la même « rigueur de travail ». Ces références sont peut-être moins rassurantes que ne le pensent ceux qui en usent, mais au moins cela nous éclaire, là encore, sur Jacques Attali : lui qui pérore en permanence sur la crise financière, donnant des leçons à la terre entière, est en vérité totalement immergé dans ce monde de la finance. C'est ce monde qui le fait vivre.

Et c'est exactement la même indication, en plus marquée encore, que donne l'autre « partenariat capitalistique et opérationnel » avec Zalis, une autre société de conseil, dont les spécialités sont les restructurations d'entreprise, ou le conseil de crise. Pourquoi cette société a-t-elle fait affaire avec Jacques Attali ? Elle l'explique sans trop de précautions sur son propre site Internet : « A & A lui offre un accès de qualité à de nouveaux dossiers, avec en pointe de mire une percée sur le secteur convoité du conseil aux opérations de fusions-acquisitions. » En somme, c'est en bonne partie le carnet d'adresses de Jacques Attali qui intéressait Zalis, son entregent, sa notoriété. C'est ce qui fait la force des meilleurs lobbyistes : ils font gagner du temps parce qu'ils savent ouvrir les bonnes portes.

Avec le renfort de Jacques Attali, la société de conseil Zalis a connu depuis 2008 une période faste. Avec à la clef de nouveaux contrats. Par exemple avec Partouche, le premier groupe européen de casinos, dont la réputation a souvent été ternie par des affaires tapageuses. Ou encore avec un palace parisien. Lequel ? L'affaire ne manque pas de sel et ne doit évidemment rien au hasard : Zalis a été en contrat en 2008 avec l'hôtel Royal Monceau, peu après que celui-ci eut été racheté par… une vieille connaissance de Jacques Attali. Eh oui, Alexandre Allard himself, l'homme d'affaires richissime qui revendra ultérieurement ce palace pour son projet d'acquisition de l'Hôtel de la Marine. Lequel Alexandre Allard siège par ailleurs, comme on l'a vu, au conseil de PlaNet Finance.

Petit à petit, notre puzzle commence à prendre forme. Avec Alexandre Allard, avec Patrick Combes, Jacques Attali joue sur plusieurs tableaux à la fois : il les a enrôlés au conseil de PlaNet Finance, mais il fait aussi, directement ou indirectement, des affaires avec eux. Voilà qui est vraiment Jacques Attali. Intellectuel sûrement, essayiste prolifique, mais tout autant homme d'affaires discret, banquier à ses heures, arpentant en tous sens, mais le plus discrètement possible, les arcanes compliqués de la vie parisienne des affaires. Côté cour, il joue les prophètes éclairés, annonçant que la finance entraîne la planète à la catastrophe et plaide pour une gouvernance mondiale. Mais, côté jardin, on découvre de lui une autre facette, celle de l'agent d'influence du capitalisme de connivence à la française, conseillant des fonds d'investissement, supervisant des opérations de fusion ou de restructuration.

Et encore sans doute n'avons-nous mis au jour qu'une petite partie de la très complexe galaxie Attali. Car il a créé une myriade de petites sociétés complémentaires autour de lui, qui constitue un maquis parfois impénétrable. Il a ainsi créé également une autre société, dénommée ACA – pour Attali Consultants & Associés –, laquelle société est elle-même portée par une autre structure, dénommée Société civile de placements Jebe. En quelque sorte, Jacques Attali, c'est un groupe à lui tout seul. Un groupe coté au début du quinquennat – à l'Élysée, pas au Palais Brongniart – et qui s'est ensuite, nous allons le voir, assez vite dévalorisé.

On conviendra que la personnalité de Jacques Attali est plus complexe qu'il n'y paraît. Il se targue de tout connaître – jusqu'à moucher les meilleurs experts de la théorie de la relativité –, mais cela ne l'empêche pas d'être à la manœuvre, plus discrètement, pour que l'une de ses structures décroche un contrat avec un casinotier. L'un d'ailleurs est lié à l'autre : c'est précisément parce que Jacques Attali est un intellectuel réputé qu'il est très demandé dans les coulisses du capitalisme parisien.

Au demeurant, sans doute faut-il tout de même relativiser l'importance de l'activité intellectuelle du patron de « A & A ». Car, toujours comme Alain Minc, Jacques

Attali a pour principe de « surfer » sur les effets de mode. Marxiste ou marxologue jargonneux autant qu'obscur dans les années 70, mitterrandien pur jus dans les années 80, il est ensuite devenu au fil des années libéral bon teint, pour ne pas dire – nous le verrons – thatchérien, sans jamais se soucier de justifier ses reniements ou ses changements de pied. Produisant des livres à une vitesse que même les auteurs les plus prolifiques ne peuvent pas suivre, il passe auprès de la presse – ou du moins auprès d'une certaine presse – pour l'un des grands intellectuels français. Et un économiste hors pair.

Mais, présenter Jacques Attali de la sorte, c'est faire assez peu de cas des critiques que son travail d'essayiste justifie. À cause des changements de pied perpétuels qu'il effectue, au gré des modes. À cause tout autant des emprunts qu'il lui est arrivé de faire. Paru en 1982, un livre en particulier, *Histoire du temps* (Fayard), a valu à son auteur une cascade d'ennuis, car il y avait inséré ici ou là quelques lignes qui n'étaient pas de lui, mais empruntées en de courts passages à l'ouvrage *Mythe et pensée chez les Grecs* (Librairie François Maspero, 1965) de Jean-Pierre Vernant et à *Pour un autre Moyen Âge* (Gallimard, 1977) de Jacques Le Goff. Mais ces emprunts, il est vrai, n'étaient pas aussi nombreux que ceux réalisés par Alain Minc. L'affaire n'a pas pris les mêmes proportions. D'autant que Jacques Le Goff, qui m'a conté sa version de l'histoire, fut pour le moins élégant : considérant qu'au Moyen Âge, la compilation n'était pas assimilée à un plagiat, le médiéviste dit même à Jacques Attali qu'il se sentait honoré d'avoir retenu son attention.

Et puis, à l'image d'Alain Minc, Jacques Attali n'écrit pas ses livres tout seul. Comment pourrait-il y parvenir, au rythme de un voire deux ouvrages par an, lui qui a cette myriade d'autres activités ? De nombreux journaux font mine d'être dupes et ne l'interrogent jamais sur ces innombrables petites mains qu'il remercie innocemment mais systématiquement presque à la fin de chaque livre. Une certaine Jeanne Auzenet, que Jacques Attali présente comme « ma documentaliste », reçoit ainsi un coup de chapeau très régulièrement. Ce qui n'empêche pas de nombreux journalistes de louer l'extrême prolificité de l'auteur. Et je dois dire que je suis moi-même tombé dans le panneau : du temps où j'étais au *Monde* – et avec le recul, je m'en veux –, j'ai écrit une critique assez louangeuse de la biographie de Marx (*Karl Marx ou l'esprit du monde*, Fayard, 2005), écrite par Jacques Attali sans m'assurer s'il avait bien écrit le livre tout seul. Sans même relever qu'à la fin de cet ouvrage, aussi, l'auteur distribuait ses habituels remerciements. À cette dénommée Jeanne Auzenet, et à quelques autres…

Quoi qu'il en soit, c'est passer à côté de sa vraie personnalité que de voir en Jacques Attali un intellectuel. Il affecte d'en prendre la pose, mais il est d'abord une éminence grise. Un mini-oligarque à la française. Jouant les conseillers du Prince sous François Mitterrand, en sa qualité de sherpa du chef de l'État, il a en permanence, depuis, cherché, à occuper une fonction semblable, à la lisière de la vie politique et de la vie des affaires. Pour les profanes, l'homme semble avoir eu un parcours sinueux, changeant de camp à la veille de chaque alternance, prodiguant un jour ses petits conseils à Ségolène Royal, le lendemain à Nicolas Sarkozy. Et pourtant, non ! Comme depuis deux bonnes décennies, au moins, le virus libéral a beaucoup gagné de terrain, Jacques Attali a petit à petit trouvé sa voie : dans un camp comme dans l'autre, il en est devenu un propagandiste. Nous y sommes : il est lui aussi l'un des meilleurs agents d'influence de cette « pensée unique ».

Avec Nicolas Sarkozy, il a, de nouveau, connu en 2007 son heure de gloire. À peine élu, le nouveau chef de l'État l'installe en effet à la présidence d'une commission dont la mission est de réfléchir « à la libération de la croissance ». Pour toute personne de gauche normalement constituée et même pour tout républicain, l'intitulé de la commission choisi par l'Élysée est insupportable, car il fleure bon l'ultralibéralisme. Il suggère que jusqu'alors, sous la férule de gouvernements de gauche irresponsables et dispendieux – et sans doute aussi de droite –, la croissance a été emprisonnée. On connaît le refrain à la Madelin : un État obèse étouffe l'initiative privée et bride le dynamisme de l'économie…

Défendant du temps où il était à l'Élysée dans les années 80 des idées radicalement opposées, Jacques Attali n'a aucun état d'âme. Sans doute rêve-t-il même d'un poste plus prestigieux. Ministre, par exemple. Multipliant les amabilités envers Nicolas Sarkozy, il ne décroche pas le poste qu'il convoite et doit se contenter de cette fonction de président d'un nouveau comité Théodule. La commission Attali, donc.

Juste après l'alternance, Nicolas Sarkozy fixe une orientation économique qui a l'avantage d'être claire. Cap à droite ! Et vive le libéralisme… À l'Élysée, on lance derechef une première grande réforme : la révision générale des politiques publiques – la désormais fameuse RGPP, qui doit mettre en œuvre une grande réforme de l'État, pour le faire mincir à marche forcée, réduire son périmètre. Et pour compléter ce premier train de réformes, Jacques Attali a la charge, avec sa commission, de mettre au point d'autres rafales de réformes qui viendront compléter la purge.

La mission est, en fait, proprement surréaliste. Au moment où la commission Attali s'installe, les vents sont en train de tourner. La crise des subprimes enfle aux États-Unis, et la grande crise est en train de se propager à toute la planète, poussant bientôt Nicolas Sarkozy, dans la plus grande confusion, à changer de cap et, renonçant aux dispositions libérales les plus ultra, défendre des mesures en faveur d'une nouvelle régulation de l'économie.

Mais trop heureux de son hochet, Jacques Attali, que Lionel Jospin gardait à distance et qui était sur la touche depuis de longues années, se soucie de cela comme d'une guigne. Il s'attelle d'abord à constituer sa commission, en y cooptant des personnalités d'une folle diversité. On y trouve en effet une brochette de personnalités libérales, comme le patron de Virgin Mobil, Geoffroy Roux de Bézieux ; celui de Sanofi, Serge Weinberg ; ou encore celui du Crédit Agricole, René Caron. Il y a aussi des économistes marqués à droite, comme Christian de Boissieu ou Jacques Delpla. On y trouve aussi des personnalités d'une sensibilité assez voisine, celles des Gracques – une variété assez improbable, celle de hauts fonctionnaires ou d'économistes représentatifs d'une gauche radicalement de... droite ! Dans cette catégorie, il y a l'ancien directeur de cabinet de Dominique Strauss-Kahn à Bercy, François Villeroy de Galhau, parti faire fortune sans le moindre scrupule chez BNP Paribas ; un jeune inspecteur des Finances devenu associé gérant au sein de la banque Rothschild, Emmanuel Macron ; l'économiste de Harvard Philippe Aghion ou encore Stéphane Boujnah qui est directeur général du secteur banque d'investissement de Banco Santander France, et qui a fait lui aussi ses classes comme collaborateur à Bercy de Dominique Strauss-Kahn.

Dans cette assemblée en vérité assez monocolore, il y a aussi, comme Jacques Attali, des représentants de la vieille « mitterrandie », qui au fil des ans a pactisé avec les milieux les plus conservateurs, telle Anne Lauvergeon, à l'époque encore présidente du groupe nucléaire Areva, et qui, elle aussi, rêvait un moment de devenir ministre ou sous-ministre. Et pour couronner le tout, il y a même des journalistes, notamment Éric Le Boucher qui navigue entre *Enjeux-Les Échos* et Slate.fr et l'éditorialiste économique du *Figaro* Yves de Kerdrel.

Ainsi composée, la commission se met au travail et accouche quelques mois plus tard d'un premier rapport qui est strictement conforme à ce que l'Élysée avait demandé. À bas l'État ! Vive le marché ! Et vivent les dérégulations en tout genre…

Longtemps après, la lecture de ce premier rapport de la commission est presque savoureuse. Car elle permet de mesurer, de comprendre « le système Attali » – qui est en vérité assez voisin de celui mis en œuvre par de nombreux autres économistes. Jacques Attali est en effet tellement impliqué dans la vie financière parisienne, tellement englué dans ce monde gangrené, il a tellement d'intérêts personnels à défendre, qu'il ne voit rien venir. Ce rapport est remis en janvier 2008, c'est-à-dire à une époque où la crise financière américaine s'est déjà propagée, mais le document n'en fait pas la moindre mention. Incapable de penser que le monde qui l'enrichit est entré dans une crise historique, le grand intellectuel pond un rapport consternant d'aveuglement et de myopie.

Le diagnostic central du rapport, c'est que le monde entre dans une période formidable de prospérité mais que la France, enfermée dans ses rigidités, va louper le train. Cette stupidité parcourt toute l'introduction : « Le monde est emporté par la plus forte vague de croissance économique de l'histoire, créatrice à la fois de richesses inconnues et d'inégalités extrêmes, de progrès et de gaspillages, à un rythme inédit. L'humanité en sera globalement bénéficiaire. La France doit en créer sa part. » À la différence d'Alain Minc, Jacques Attali n'appelle pas Kondratiev à la rescousse, mais c'est tout comme…

Le rapport veut tellement démontrer que le monde est en train de changer et que la France ne s'y prépare pas, à la différence de nombreux autres pays, dont beaucoup de ses voisins, qu'il enfile les clichés et les contrevérités. Toujours en introduction, il y a même cette perle stupéfiante. S'appliquant à démontrer que la France ne suit pas la voie vertueuse de l'Allemagne ou de la Grande-Bretagne, le rapport donne en exemple d'autres pays, qui ont le courage de réduire leur déficit : « L'Italie, le Portugal, la Grèce et plusieurs nouveaux États membres ont eux aussi mené des réformes courageuses, pour contrôler leurs dépenses publiques, moderniser leur administration, et mieux recruter leurs agents publics. »

L'Italie, le Portugal, la Grèce… avec le recul, la liste prend une curieuse résonance puisqu'il s'agit, au contraire, des pays qui ont été les premiers mis à genoux par la spéculation sur les dettes souveraines. Ce qui n'empêchera pas Jacques Attali, quelque temps plus tard, de faire une nouvelle galipette – comme Alain Minc, c'est un expert ! – et de montrer du doigt les pays les plus englués dans la crise. Sous les applaudissements de quelques médias, toujours enclins à saluer son esprit visionnaire !

Le rapport Attali est un brûlot libéral qui arrive au plus mauvais moment. Il préconise une brutale déréglementation au moment précis où les folles déréglementations des trois décennies antérieures vont conduire à une crise historique. Au travers de 316 propositions de réforme, tout y passe. Le rapport propose pêle-mêle « d'ouvrir très largement les professions réglementées » ; de « réduire dès 2008 la part des dépenses publiques dans le PIB » à hauteur de 1 % par an ; « d'assouplir les seuils sociaux » pour le plus grand bénéfice des patrons et notamment dans les PME ; « d'autoriser plus largement le travail le dimanche » ; de déréglementer gravement le code du travail en autorisant « la rupture à l'amiable » du contrat de travail ; de « favoriser l'émergence de fonds de pension à la française ». Et pour faire bonne mesure, il y a même un coup de chapeau indirect à la privatisation de l'Université conduite par Jean Tirole et quelques autres, puisque le rapport recommande chaleureusement de « développer les financements privés » dans l'enseignement supérieur.

Et ce rapport – qui sera suivi d'un second, encore plus violent, en 2010 – est précédé d'une invraisemblable note de méthode. Comme s'il était investi d'on ne sait quelle autorité supérieure, Jacques Attali donne ses ordres au chef de l'État – à Nicolas Sarkozy comme à ses éventuels successeurs : « Ces objectifs peuvent être partagés par tous, quels que soient leurs choix politiques. Les moyens d'y parvenir, détaillés dans ce rapport, doivent l'être aussi. Chaque majorité politique pourra ensuite répartir en détail les fruits de cette croissance au profit des catégories qu'elle entend privilégier [...] [La réforme] ne peut aboutir que si le président de la République et le Premier ministre approuvent pleinement les conclusions de ce rapport, le soutiennent publiquement, dès maintenant, personnellement et durablement, en fixant à chaque ministre des missions précises. Pour l'essentiel, ces réformes devront être engagées, selon le calendrier proposé à la fin de ce rapport, entre avril 2008 et juin 2009. Elles devront ensuite être poursuivies avec ténacité, pendant plusieurs mandats, quelles que soient les majorités. »

« Pendant plusieurs mandats, quelles que soient les majorités »… Nous y voilà ! Toute la « pensée unique » est dans cette formule. Voilà ce que sécrète le système de l'oligarchie française, dont Jacques Attali est l'un des représentants : elle garantit le formidable enrichissement de ceux qui y participent ; et en même temps, elle sécrète une idéologie qui tient la démocratie pour méprisable ou quantité négligeable. Peu importent les alternances démocratiques, peu importe le suffrage universel : il faut que « pendant plusieurs mandats, quelles que soient les majorités », la même politique économique se poursuive. Perpétuellement la même. L'enrichissement pour les uns, la punition sociale pour les autres…

Pendant toute la durée de cette présidence, Jacques Attali a donc été un bon petit soldat de la « sarkozie ». Il en a d'ailleurs été remercié. Par décret en Conseil d'État en date du 13 janvier 2012, et après instruction du dossier par le ministère de l'Intérieur, en clair après la bénédiction de Claude Guéant, l'organisation PlaNet Finance a été reconnue d'utilité publique, ce qui lui a ouvert la voie à toutes les facilités induites par ce statut : dons, legs, donations, subventions…

Mais faut-il vraiment se laisser aller à l'indignation ? Dans le personnage de Jacques Attali, qui guette sans cesse les honneurs et qui se rengorge dès qu'un journaliste le flatte, il y a quelque chose d'agaçant. Mais en vérité, comme il n'est plus guère écouté – du fait de la crise,

Nicolas Sarkozy a mis à la poubelle l'essentiel de ses recommandations –, il y a quelque chose d'un peu incongru ou de fragile dans le personnage. *Sic transit gloria mundi !* Cette commission Attali n'a servi strictement à rien, mais elle est symptomatique du quinquennat Sarkozy, et de la comédie du pouvoir à laquelle se sont prêtés de nombreux économistes.

Mais Jacques Attali est-il vraiment dupe de lui-même ? On n'en jurerait pas. Pour quiconque veut organiser un petit pince-fesses mondain chez soi, et pour éblouir l'assistance, inviter une personnalité de renom pour qu'elle y fasse une allocution remarquée, rien de plus simple : il existe un site Internet spécialisé pour cela, il s'appelle « Speakers Academy ». Osons une traduction : c'est l'Académie des beaux parleurs. On peut feuilleter en ligne le catalogue et choisir son conférencier. Pour faire chic, pour épater ses invités, on peut ainsi se payer Jacques Attali qui figure au catalogue. Évidemment, ce n'est pas donné. Lui, c'est entre 12 500 et 50 000 euros la conférence. C'est l'un des plus chers. Pour un peu moins cher, on peut aussi s'offrir l'ancien P-DG des *Échos* Nicolas Beytout, le directeur déchu du *Monde*, Jean-Marie Colombani, son successeur à la tête du même journal, Erik Izraelewicz ou encore l'économiste Roger Guesnerie, professeur au Collège de France et président du conseil de l'École d'économie de Paris…

Visiblement, Jacques Attali a pris goût à ce système de la parlote grassement rémunérée puisqu'il a aussi discrètement créé une société qui porte un nom voisin, « Attali Speaker », contrôlée par lui-même et une autre société que nous avons déjà croisée, la Société civile de placements Jebe, et dont l'objet est de faire prospérer autant que possible cet intéressant petit business. Selon ses statuts, l'objet de la société est : « toute intervention de toute nature et quel qu'en soit le support dans le cadre de conférences, colloques, commissions, "tables rondes", salons, dans les domaines économique, financier et politique ».

Les derniers comptes de « Attali Speaker » déposés au tribunal de commerce font apparaître un total de traitements et salaires de 589 904 euros pour l'exercice clos au 30 septembre 2010 contre 727 329 euros pour l'exercice précédent. En bref, Jacques Attali est un homme richissime, avant même la prise en compte de ses activités de conseil, qui sont celles qui lui procurent les plus gros revenus.

Mais pour se « payer » une intelligence aussi éclairée et désintéressée, il faudrait être pingre pour compter ses sous, non ?

9
Le syndrome Mougeotte

Tout au long de notre récit, nous l'avons constaté : si la « pensée unique » prospère, si les économistes qui en sont les propagandistes ont un aussi large écho, c'est en bonne partie parce que la presse – ou du moins une certaine presse – pointe perpétuellement vers eux micros et caméras. Avant d'étudier, pour finir, les relations entre nos économistes et les politiques, il faut donc étudier la part de responsabilité de certains médias dans ce système qui gangrène trop souvent le débat économique français.

Que l'on se souvienne pour commencer des proximités que nous avons découvertes au fil de notre histoire : de Marc Fiorentino qui éditorialise chaque jour sur BFM Radio jusqu'à Olivier Pastré qui est chroniqueur économique sur France Culture, en passant par Élie Cohen qui est l'invité quasi permanent d'Yves Calvi sur France 2, ou plus généralement le Cercle des économistes qui a une collaboration permanente avec le quotidien *Les Échos* et Radio Classique pour les Rencontres d'Aix, et avec *Le Monde*, pour le prix du meilleur jeune économiste, les liens de consanguinité sont innombrables. Et évidemment, cela dit quelque chose du système médiatique français, en même temps que de la pensée dominante en économie : même si, de proche en proche, des économistes hétérodoxes ou simplement originaux sont invités dans la presse et font de rapides apparitions, ce ne sont naturellement pas eux qui tiennent le haut du pavé.

Cette scandaleuse normalisation de la presse, qui l'a rendue plus sensible aux idéologies et valeurs des classes dominantes et notamment des milieux d'affaires et insensible aux souffrances sociales du pays, a naturellement des racines anciennes, qui dépassent et de très loin la seule question économique. À l'origine, il y a d'abord cette anémie ancienne dont souffre la presse en France, dans un système de monarchie républicaine qui ignore ou méprise les contre-pouvoirs. Comme sous le Second Empire, les obligés du Palais sous Nicolas le Petit ont croqué les uns après les autres presque tous les grands médias de la presse écrite nationale. Et la presse économique n'a pas échappé à ce coup de force.

La normalisation des deux grands quotidiens économiques français, *Les Échos* et *La Tribune*, est de ce point de vue édifiante. Elle est aussi exemplaire des systèmes de connivence dont peuvent profiter certains cénacles d'économistes. À l'origine de cette histoire folle dans laquelle sont emportés depuis quelques années les deux quotidiens économiques français, il y a un homme, le richissime Bernard Arnault. Selon le magazine américain *Forbes*, le pactole qu'il a amassé au fil des ans (41 milliards de dollars) fait de lui la quatrième fortune du monde, et la première fortune de France et d'Europe. Son parcours et ses amitiés sont emblématiques du capitalisme français, et de la consanguinité (qui est son trait distinctif) entre la vie politique et la vie des affaires.

Modeste entrepreneur de province, spécialiste de l'immobilier de vacances au travers de la petite société bâtie par son père, Ferret-Savinel, Bernard Arnault a eu une chance inouïe au début des années 80. Parmi quatre autres candidats, c'est à lui, en 1984, que le gouvernement de Laurent Fabius – bravo les socialistes ! – décide de céder à prix cassé un vieil empire industriel, celui de la Compagnie Boussac, que l'État a pris en location-gérance et renfloué en y injectant plusieurs centaines de millions de francs d'aides publiques.

À prix cassé, parce qu'il y a entre l'entrepreneur et l'État un *deal* : le jeune P-DG achète le groupe pour une bouchée de pain (dans le montage financier, il ne débourse de sa poche que 90 millions de francs) mais, en contrepartie, il s'engage à assurer la pérennité du groupe industriel de textile et à garantir l'emploi. L'encre de l'accord n'est pas même sèche que Bernard Arnault le viole : il engage un plan de suppression d'emplois, démembre l'empire industriel en cédant toutes les divisions textiles et ne conserve que la pépite qu'il convoite depuis le début. Une pépite dénommée… Dior. En quelque sorte, l'État fait alors une très mauvaise affaire : il « socialise » les pertes passées de l'empire textile, mais privatise les profits futurs, ceux générés par la très célèbre maison de haute couture.

Pour Bernard Arnault, c'est peu dire que c'est l'affaire de sa vie. Grâce à l'État, il est en passe de devenir l'un des principaux acteurs de l'économie du luxe. Et c'est bien ce qu'il va devenir au fil des ans. À coups d'OPA et d'acquisitions multiples, le groupe

LVMH accède à la première place mondiale de cette industrie.

De ses débuts, Bernard Arnault n'oublie pas la leçon essentielle : pour réussir, en France, dans le milieu des affaires, il faut en respecter les codes. Ainsi, dans la construction de son empire industriel et financier, Bernard Arnault prend toujours bien soin de ne jamais se couper des milieux politiques dirigeants de la droite. Grâce à l'un des « parrains » de la place de Paris, qui est à l'époque l'une des grandes figures de la banque Lazard, Antoine Bernheim, l'industriel fait la connaissance de Nicolas Sarkozy, et se rapproche beaucoup de lui. L'un et l'autre deviennent des intimes. Quand le bras droit d'Édouard Balladur entame sa traversée du désert, en 1995, après la victoire à la présidentielle de Jacques Chirac, son ami lui reste ainsi fidèle. En certaines circonstances, Bernard Arnault fait discrètement appel aux services de Nicolas Sarkozy, qui a repris son métier d'avocat. À la même époque, Antoine Bernheim fait de même : il offre à l'avocat Nicolas Sarkozy l'intégralité du contentieux de son groupe d'assurances Generali.

Bernard Arnault aura notamment l'occasion de faire appel aux services de son ami avocat à la fin de 1997. Quand Vincent Bolloré, qui n'est pas parvenu à prendre le contrôle du groupe Bouygues un an auparavant et, ce faisant, à mettre la main sur TF1, décide de rétrocéder la part qu'il détient dans le capital du groupe de BTP, Bernard Arnault saute sur l'occasion. Rêvant secrètement, lui aussi, de voir son influence croître, il fait appel à son ami Nicolas Sarkozy, qui est aussi l'avocat de Martin Bouygues, pour qu'il serve d'intermédiaire et lui permette d'acquérir cette participation.

Peine perdue : grâce à l'entremise d'Alain Minc (par ailleurs président du conseil de surveillance du *Monde*), les 12 % que contrôle Vincent Bolloré dans le groupe Bouygues finissent par être rétrocédés à un autre industriel, François Pinault. Lui aussi a fait initialement fortune grâce à la courte échelle de l'État, notamment au moment de l'affaire de la Chapelle Darblay.

Dans le même mouvement, Bernard Arnault soigne ses réseaux d'influence. Il embauche d'anciens hauts fonctionnaires à la direction de son groupe. Exceptionnellement un haut fonctionnaire issu de la gauche ; fréquemment des collaborateurs de premier plan, proches de sa propre sensibilité. Le patron de l'empire du luxe débauche ainsi de la banque Rothschild, à la fin des années 90, Nicolas Bazire, ami de Nicolas Sarkozy et ancien directeur de cabinet d'Édouard Balladur à Matignon, pour en faire l'un de ses principaux collaborateurs. À la même époque, le puissant P-DG affiche de manière de plus en plus visible son amitié avec Nicolas Sarkozy : il l'invite à passer ses vacances chez lui et est l'un de ses témoins lors de son mariage avec Cécilia, l'autre témoin de mariage étant Martin Bouygues.

Même si la presse n'est pas son métier, il décide de s'y intéresser. Non pas pour engager une diversification industrielle ; mais bien dans une logique d'influence. Vieille tentation, celle de la « danseuse » ! Mais le malheur pour Bernard Arnault est que des années durant il ne parvient pas à ses fins. S'il prend le contrôle de Radio Classique, d'*Investir*, de *La Tribune* et de quelques publications annexes, il ne réussit pas à « croquer » l'un des très gros titres de la presse.

Longtemps, il multiplie des tractations secrètes avec le groupe Hersant, dans l'espoir de prendre le contrôle du *Figaro*, éventuellement en association avec le groupe Lagardère. En vain ! C'est, pour finir, un autre industriel dont la presse n'est pas plus le métier qui lui souffle l'affaire : un sénateur de l'UMP, proche de l'Élysée et dépendant des commandes publiques, un dénommé… Serge Dassault ! Lequel Serge Dassault a pris dans le passé Nicolas Sarkozy comme avocat pour préparer sa succession et dit fréquemment de lui qu'il est le fils qu'il aurait aimé avoir.

Durant des années, nul ne prend vraiment garde à ce qui se passe à l'intérieur du seul quotidien, *La Tribune*, que contrôle Bernard Arnault. Les protestations des journalistes sont pourtant fréquentes. Une fois seulement, élection présidentielle oblige, l'affaire fait grand bruit. L'incident survient le 4 septembre 2006. Ce jour-là, le quotidien publie un sondage réalisé par l'institut CSA. Mais, juste avant la publication, la principale surprise apportée par cette enquête d'opinion est censurée. Alors que les personnes interrogées sur la crédibilité économique des candidats à l'élection présidentielle placent Ségolène Royal largement devant Nicolas Sarkozy (54 % contre 49 %), ce volet du sondage, le plus inattendu et donc le plus susceptible de faire la « manchette », est tout bonnement jeté à la poubelle, malgré les protestations de la Société des journalistes du quotidien.

Cette interférence n'est évidemment pas la seule. Sous couvert d'anonymat, un directeur de la rédaction, qui a officié dans le passé à *La Tribune*, témoigne de l'interventionnisme fréquent de la direction du groupe LVMH. Par ailleurs, plusieurs sources confidentielles assurent qu'aucun directeur de la rédaction de *La Tribune* n'a été nommé durant toutes ces années par la direction de LVMH sans que le conseiller en communication de Bernard Arnault, Michel Calzaroni (qui conseille par ailleurs de nombreux autres P-DG connus, dont Vincent Bolloré), n'ait au préalable été consulté et n'ait donné un avis favorable.

L'auteur de ces lignes peut lui-même en témoigner. Présent début janvier 1996 à la cérémonie des vœux de Jacques Chirac à la presse, il a vu fondre le secrétaire général adjoint de l'Élysée, Jean-Pierre Denis, sur l'un des principaux responsables de la rédaction de *La Tribune* pour l'interpeller publiquement : « Nous avons fait le décompte : vous avez fait ces dernières semaines seize titres défavorables au gouvernement Juppé. Nous avons fait part de notre mécontentement à qui de droit. » Et « qui de droit » s'est effectivement manifesté peu après. La direction de LVMH a prestement fait savoir au même responsable qu'il fallait se montrer plus aimable à l'égard du gouvernement Juppé.

À l'époque, beaucoup de directeurs de la rédaction de *La Tribune* l'avouent en privé : Bernard Arnault n'hésite pas à décrocher son téléphone pour que son journal soit plus docile dans le traitement de l'actualité qui concerne son propre groupe. L'un d'eux se souvient ainsi que le P-DG du groupe l'a appelé pour s'étonner qu'il n'ait pas été fait mention dans les colonnes du journal de ce que la capitalisation boursière du groupe avait dépassé celle d'Elf. Un autre a en mémoire s'être fait réprimander par Bernard Arnault pour avoir accordé une place jugée insuffisante aux résultats semestriels du groupe LVMH.

Du même coup, on comprend mieux le tollé que suscite Bernard Arnault quand, en juin 2007, au lendemain de l'élection présidentielle, il fait savoir qu'il vient de signer avec le groupe britannique Pearson (éditeur du *Financial Times*) une clause d'exclusivité en vue de lui racheter le quotidien *Les Échos* et qu'il va revendre ensuite *La Tribune*. Même si la rédaction des *Échos* a la réputation de ne pas être franchement frondeuse à l'encontre du monde patronal – sans lui faire offense, on peut même dire qu'elle a fréquemment défendu dans ses prises de position éditoriales un point de vue proche du Medef et, avant, du CNPF –, c'est une levée immédiate de boucliers. Pétitions, grèves : les journalistes recourent à des moyens d'action sans précédent pour ce quotidien.

Les raisons de cette inquiétude sont transparentes. D'abord, aux *Échos*, nul n'ignore ce que la rédaction du quotidien d'en face, *La Tribune*, a enduré les années précédentes. De surcroît, toute la place financière de Paris rit sous cape car le *deal* financier qui se prépare est une sorte d'aveu : si Bernard Arnault a décidé de mettre sur la table 240 millions d'euros pour « s'offrir » un quotidien dont la valorisation, selon les meilleurs spécialistes, est comprise seulement entre 160 et 180 millions d'euros, voire au grand maximum 200 millions d'euros, c'est qu'on est sorti de la rationalité économique. Pour entrer dans une autre rationalité, plus politique celle-là. Le P-DG de LVMH a choisi de s'offrir le journal au prix du marché, majoré d'une fabuleuse prime complémentaire. Et ce surcoût, c'est le prix de l'influence.

Les journalistes comprennent aussi que le mélange des genres ne s'arrête pas là. Il y a un risque majeur de conflits d'intérêts. Les comptes sont vite faits : quand, en juin, Bernard Arnault signe sa clause d'exclusivité avec Pearson, la rédaction des *Échos* peut calculer que le P-DG a déjà été cité 130 fois dans le journal depuis le 1er janvier précédent. À la tête du numéro un mondial du luxe, contrôlant un nombre incalculable d'enseignes et de marques, de Louis Vuitton jusqu'à Dior en passant par Céline ou Kenzo, sans parler de la distribution avec Le Bon Marché ou Séphora, les vins et spiritueux avec les champagnes Moët & Chandon, Veuve Clicquot ou Château d'Yquem, le groupe est un acteur majeur de l'économie française. Comment écrire sur un tel groupe, sans craindre des pressions ? Comment, pour un lecteur, pouvoir lire un quotidien contrôlé par un tel actionnaire sans être en état de suspicion ?

La rédaction des *Échos* entre alors en guerre. Elle sait que le groupe LVMH est l'un des groupes charnières du capitalisme parisien et compte parmi ses administrateurs des industriels ou financiers aussi puissants qu'Arnaud Lagardère (patron du groupe éponyme) ou encore le financier belge Albert Frère, premier actionnaire des groupes Total, Suez ou encore Lafarge. De son côté, Bernard Arnault est lui-même membre du conseil de surveillance du groupe Lagardère, le deuxième actionnaire du géant de la distribution Carrefour, membre du conseil de M6. LVMH est enfin l'un des premiers annonceurs publicitaires français.

La riposte commence à s'organiser. Aussi bien à *La Tribune*, où les rédacteurs redoutent de voir leur journal revendu dans la pire des conditions, qu'aux *Échos* où l'inquiétude porte d'abord sur la question de l'indépendance. Une riposte qui, pourtant, va rapidement prendre une étrange tournure. Aux *Échos*, le débat déontologique se brouille quelque peu car la hiérarchie, emmenée par Erik Izraelewicz (aujourd'hui directeur du *Monde*), cherche à promouvoir une autre solution de reprise, autour de l'industriel Marc Ladreit de Lacharrière, le patron et propriétaire du groupe Fimalac, qui possède notamment Fitch, la troisième agence mondiale de notation financière. Entre Bernard Arnault, dont la rédaction des *Échos* ne veut pas, et le « chevalier blanc », dont elle pourrait s'accommoder, c'est en réalité bonnet blanc et blanc bonnet : les conflits d'intérêts potentiels sont aussi forts dans un cas que dans l'autre…

Avec le recul, on peut même être encore plus tranchant que cela : imagine-t-on un seul instant que le groupe actionnaire de l'agence de notation financière, qui joue aujourd'hui un rôle si contesté dans la crise des dettes souveraines en Europe, ait pu prendre le contrôle d'un grand quotidien économique français ? Cela aurait été un scandale majeur, mais à l'époque, nul ne s'en est vraiment inquiété.

Quoi qu'il en soit, la bataille de pétitions que lance à l'époque la rédaction des *Échos* révèle vite « l'illibéralisme » des milieux d'affaires dominants. La prise de position n'a pourtant rien d'un brûlot : « Au moment où le groupe Pearson annonce son intention de vendre *Les Échos*, nous, lecteurs du premier quotidien économique français, tenons à manifester notre profond attachement à l'indépendance de ce titre et de son équipe rédactionnelle. Sa pérennité nous apparaît indispensable pour garantir la qualité d'une information économique et financière crédible et rigoureuse dans un monde de plus en plus complexe. »

Les choses sont exprimées en douceur, sans anathème. Et pourtant, les prises de position seront peu nombreuses. Si la gauche signe (Marie-George Buffet, Laurent Fabius, François Hollande, Lionel Jospin…), tout comme l'UDF (François Bayrou…) et le mouvement syndical (Jean-Claude Mailly, Bruno Julliard…), les réactions à droite sont peu nombreuses. Dans les milieux d'affaires, elles sont timides. Il y a certes le clan de François Pinault, grand rival de Bernard Arnault, qui cherche à mobiliser, mais les résultats sont peu convaincants.

C'est une sorte de test *in vivo* : libéraux en économie, du moins en paroles, la majorité des grands patrons du CAC 40 ne sont pas des libéraux en politique. Ils ne s'offusquent pas – en tout cas, pas publiquement – que le principal quotidien économique français tombe entre les mains d'un actionnaire dont la presse n'est pas le métier. Ce n'est pourtant pas le cas – il faut leur en donner crédit – de la grande majorité des économistes connus qui contresignent la pétition, dont le président du Cercle des économistes Jean-Hervé Lorenzi et le président délégué du Conseil d'analyse économique Christian de Boissieu.

Les récalcitrants, ceux qui signent, sont vivement rappelés à l'ordre, tantôt par des proches de Nicolas Sarkozy, tantôt par des collaborateurs de Bernard Arnault. Plusieurs signataires, pourtant influents dans la vie des affaires parisienne, racontent qu'ils ont reçu le matin même de la publication de leur prise de position un coup de téléphone comminatoire de Nicolas Bazire leur enjoignant de retirer leur signature, sauf à risquer de ne plus jamais travailler avec LVMH.

Le 5 novembre 2007, le groupe Pearson confirme que la cession à Bernard Arnault a bel et bien été conclue, malgré les inquiétudes de la rédaction. Et, symbole pour symbole, c'est Nicolas Sarkozy en personne qui révèle à un groupe de journalistes des *Échos*, venus l'interroger sur l'actualité, l'identité de leur futur patron, choisi par LVMH : Nicolas Beytout. « Cette provocation alimente le soupçon et le discrédit sur les médias et illustre les liaisons malsaines qui se sont installées ces dernières années entre la presse et les pouvoirs économiques et politiques », estime peu après le Forum des sociétés de journalistes, qui rassemble 25 sociétés de journalistes, dont celle des *Échos*. Il s'agit d'une « collusion totale entre le pouvoir, les entreprises et les groupes d'information », s'indigne pour sa part le socialiste François Hollande.

À droite, c'est un silence assourdissant ! Une seule personne, l'historien et essayiste Nicolas Baverez, pourtant proche de Nicolas Sarkozy, a l'honnêteté de faire un geste d'éclat pour signifier que l'affaire n'est décidément pas en conformité avec les idées libérales qu'il professe. Annonçant qu'il interrompt les chroniques qu'il tient dans *Les Échos* depuis sept ans, il s'indigne, dans son dernier « papier » du sort auquel est promis le journal : « Les conditions de son rachat ne me semblent conformes ni au juste équilibre des pouvoirs dans une démocratie, ni à l'éthique du capitalisme, ni à la fiabilité et au pluralisme de l'information financière dont la crise de l'été 2007 a montré l'importance pour le fonctionnement d'une économie de marché », écrit-il.

Dans le microcosme de la vie parisienne des affaires, si le geste est longuement commenté, nul ne s'aventure à l'imiter. Pas question de braver l'Élysée, le chroniqueur fût-il un habitué du Palais ! Bernard Arnault arrive donc à ses fins : *Les Échos* tombent fin 2007 dans son escarcelle. Et il rétrocède dans le même temps *La Tribune* à Alain Weill dont le groupe NextRadioTV contrôle BFM, BFM-TV ou encore RMC.

Scandaleuse, l'histoire l'est donc de bout en bout. Elle est même encore plus grave que ce que les journalistes des deux rédactions ne peuvent craindre sur le moment. C'est qu'en vérité, il y a entre les deux grands patrons un *deal* secret. Comme l'Autorité de la concurrence n'autorise la reprise des *Échos* par Bernard Arnault qu'à la condition impérative qu'une solution de reprise soit trouvée pour *La Tribune*, une stupéfiante mise en scène est imaginée. C'est en effet le vendeur, Bernard Arnault, qui offre à l'acquéreur... un chèque de 47 millions d'euros ! Avec une obligation : faire vivre le quotidien *La Tribune* les deux années suivantes.

Et que croyez-vous qu'il advînt ? Trop content d'empocher le chèque, Alain Weill, le grand patron de la presse *low cost*, a fait vivoter le journal pendant les deux années suivantes. Avant de s'en débarrasser sitôt les deux années révolues, le poussant dans une situation proche de la faillite. Pour finir, fin janvier 2012, les rotatives de *La Tribune* ont définitivement cessé de tourner, le journal a renoncé à ses éditions "papier" pour n'être plus présent que dans une version sur Internet, le titre a été rétrocédé à des nouveaux investisseurs et une bonne partie de l'équipe a été licenciée. Autant dire que *La Tribune* a disparu. La situation de monopole sur l'information économique quotidienne que l'Autorité de la concurrence voulait interdire a été imposée par des moyens détournés.

Et l'on voudrait que cette normalisation économique de la rédaction des *Échos*, imposée malgré la révolte déontologique de la rédaction, n'ait pas eu, progressivement, insensiblement, des effets éditoriaux ? Par la force des choses, malgré la résistance de nombreux rédacteurs et celle de la Société des journalistes (SDJ) du quotidien, le temps a fait son œuvre. Petit à petit, la hiérarchie a marqué des points. Les logiques de connivence l'ont parfois emporté sur les logiques auxquelles la rédaction du journal est attachée, celles de l'information.

Au lendemain de la prise du pouvoir de Bernard Arnault aux *Échos*, le combat déontologique de la rédaction pour sauvegarder son indépendance éditoriale ne s'est certes pas interrompu. Vigilante, la SDJ du quotidien a exigé – et obtenu – qu'un comité d'indépendance éditoriale soit constitué de sorte que les journalistes s'estimant l'objet de pressions de la part de l'actionnaire puissent disposer d'une instance de recours. Adossé à une charte éthique, ce comité, composé de membres de la SDJ, de représentants de l'actionnaire, dont le fils de Bernard Arnault, Antoine, joueur de poker de son état, et de deux membres indépendants, a commencé à faire son office. Il est ainsi intervenu en quelques rares circonstances, notamment quand la direction de la rédaction a publié une dithyrambique nécrologie d'un obscur petit patron de province, un certain Jean Arnault, le père de… Bernard. « C'était un homme unanimement aimé et respecté », assure Pierre Godé, qui l'a bien connu. Ce proche conseiller de Bernard Arnault garde le souvenir d'un individu « charismatique et très élégant », doté d'un « souci du maintien » qu'il devait peut-être à son père militaire et que contrebalançait « un humour très british », pouvait-on lire dans *Les Échos* (22 janvier 2010), dans un article dont la seule fonction était de caresser le propriétaire dans le sens du poil.

Indéniablement, la rédaction des *Échos* n'a jamais baissé les bras dans cette bataille de principes – et il faut sûrement lui en rendre hommage. Plus récemment, à la fin de l'été 2011, la rédaction du quotidien s'est même plusieurs fois réunie en assemblée générale pour obtenir que Nicolas Beytout, débauché par Bernard Arnault du *Figaro* pour diriger son pôle média, lors de l'acquisition des *Échos*, puis mis sur la touche par lui, ne réintègre pas la rédaction du quotidien avec un titre d'éditorialiste.

Mais ce n'est pas faire insulte aux journalistes des *Échos* que de souligner l'extrême difficulté de leur combat. Avec un actionnaire aussi puissant, et dans un contexte économique aussi difficile, c'est une guerre d'usure complexe. Discrètement, mais avec un grand sens de l'efficacité, la rédaction a marqué des points. Mais force est de constater qu'elle en a aussi beaucoup perdu. Malgré elle.

Ainsi, dans les prises de position éditoriales du quotidien, la rédaction a perdu la partie. Dans ce domaine, *Les Échos* sont exactement ce que Bernard Arnault voulait en faire : non pas un grand journal occupant une place centrale dans le débat public et particulièrement dans le débat économique, faisant vivre le pluralisme ; ni même un grand journal authentiquement libéral, au sens économique comme politique du terme. Non ! Les éditorialistes du quotidien, ou du moins certains d'entre eux, ont épousé sans la moindre distance une cause et une seule, dans toutes ces galipettes et circonvolutions, celle du sarkozisme. C'est le paradoxe de ce journal : très proche de Nicolas Sarkozy, Nicolas Beytout a été mis sur la touche mais beaucoup de ceux qui signent les éditoriaux du quotidien – pas tous ! – le font avec une plume moins habile que n'était la sienne. Une sorte de plume à la Étienne Mougeotte, aveuglément militante, presque brutale.

Sur le débat économique, cela pèse fortement. Et beaucoup de journalistes des *Échos* en conviennent en privé – avec tristesse : leur quotidien n'a par exemple pas été au rendez-vous de la crise économique historique et n'a pas fait vivre le débat pluraliste dont il avait la vocation naturelle d'être l'un des organisateurs. Quoi qu'il arrive, *Les Échos* 100 % pour Sarko ! Le chef de l'État durcit-il le bouclier fiscal pour les plus riches ? Bravo ! Dans les turbulences des controverses suscitées par cette politique fiscale inique, est-il question de faire machine arrière et de supprimer ce scandaleux bouclier fiscal ? Encore bravo ! Toujours bravo… C'est à peine plus nuancé, le plus souvent, qu'un éditorial de la CGPME.

Sans trop de gêne, les hiérarques de ce quotidien manifestent ainsi, en certaines circonstances, une conception assez brejnévienne de l'information. Au point de nier les faits quand ils les embarrassent – ou quand ils embarrassent les sommets de l'État ou quelques oligarques des milieux d'affaires. À l'époque ministre des Finances, Christine Lagarde est-elle ainsi gravement mise en cause dans le scandale Tapie, par un rapport de la Cour des comptes qui pointe une cascade d'irrégularités, notamment révélé par *Mediapart* le 21 mai 2011 ? L'éditorialiste des *Échos*, Dominique Seux, peut prendre sa plus belle plume deux jours plus tard (23 mai) pour défendre la ministre sans que cela ne choque personne. Et il peut même omettre de mentionner les charges de la Cour des comptes et prétendre que le dossier est vide – « Soit on plonge du côté de la théorie du complot, soit il faut des preuves » –, sans que quiconque ne le contredise.

Ainsi va malheureusement la presse économique en France, trop souvent prisonnière de logiques de connivence. Il n'en va d'ailleurs pas que de la presse économique. Le service public a lui aussi été assez largement contaminé par le même virus. Imagine-t-on ainsi que France Inter, la radio phare du service public, avec France Info, en matière d'information, puisse en économie défendre d'autres logiques que celle du prêt-à-penser libéral ? Cela devrait couler de source. La radio devrait être un lieu privilégié de l'information économique de qualité, ainsi qu'un lieu faisant vivre le pluralisme du débat économique. Et pourtant, non ! C'est tout l'inverse. Comme s'il y avait une fatalité, c'est le très réactionnaire journaliste de TF1 Jean-Marc Sylvestre (aujourd'hui sur i-Télé) qui a officié sur France Inter pendant des lustres, assénant quotidiennement pendant des années aux auditeurs des brûlots ultralibéraux. Ami proche de Gérard Longuet, ministre (UMP) de la Défense, avec lequel il a fait en 2006 un voyage tous frais payés en Tunisie qui a défrayé la chronique ; ami proche aussi de notre économiste Olivier Pastré (tiens ! tiens ! un autre ami de la Tunisie…), notre apologue béat du néolibéralisme a longtemps symbolisé jusqu'à la caricature une forme de journalisme de connivence à la française. Une sorte de créature de la World Company caricaturée par les Guignols n'ayant qu'une seule religion : l'argent.

Jour après jour, année après année, l'éditorialiste ultraréactionnaire a pu répéter en boucle sa formule favorite : « L'économie ne ment pas. » Sans que personne ne s'en émeuve. Sans que personne ne s'indigne, à la direction de la radio publique, de cette reprise qui, pour ce qui me concerne, fait penser au célèbre discours du maréchal Pétain du 25 juin 1940, écrit par le journaliste Emmanuel Berl : « *Je hais ces mensonges qui vous ont fait tant de mal. La terre, elle, ne ment pas.* »

Il n'y a d'ailleurs pas que France Inter qui ait de la sorte dérivé. En enrôlant comme chroniqueur l'économiste Olivier Pastré, France Culture, comme on l'a vu, n'a guère mieux agi. Et comme par hasard, Jean-Marc Sylvestre et Olivier Pastré ont fini par constituer un tandem pour écrire ensemble des livres. Titre révélateur du dernier ouvrage des deux compères : *On nous ment ! Vérités et légendes sur la crise* (Fayard, 2011).

Depuis que Jean-Marc Sylvestre est parti, c'est Dominique Seux qui a pris le relais, un peu moins flamboyant mais tout aussi réactionnaire, dispensant des éditoriaux de la même veine libérale et partisane, tout juste équilibrés une fois par semaine par la présence de l'économiste Bernard Maris, plus connu sous le pseudonyme d'Oncle Bernard à *Charlie Hebdo*. Le 23 mai 2011, les auditeurs de France Inter ont eu droit mot pour mot au même éditorial que celui des *Échos* : « Soit on plonge du côté de la théorie du complot, soit il faut des preuves… » En vérité, les preuves, l'éditorialiste les avait sous le nez. Il s'agissait même d'un événement majeur : la ministre des Finances, qui était à l'époque candidate pour devenir la patronne du Fonds monétaire international (FMI), était suspectée de délits pénaux graves par les magistrats financiers – ce qui lui vaudra peu après l'ouverture d'une enquête de la Cour de justice de la République pour « complicité de détournement de fonds publics », mais en omettant volontairement de mentionner les charges qui pesaient sur elle, l'éditorialiste des *Échos* suggérait lui qu'elle était blanche comme neige.

Et comme si cela ne suffisait pas, *Les Échos* consacrent à peine quelques jours plus tard, le 26 mai suivant, un nouvel éditorial, signé cette fois de Jean-Francis Pécresse (le beau-frère de la ministre UMP du même nom) tout aussi flagorneur à l'égard de Christine Lagarde : « Il y a de bonnes raisons de souhaiter que sa candidature soit couronnée de succès. Ce serait une triple consécration », s'enthousiasme l'éditorialiste. Car, dit-il, il s'agit d'une femme ; il s'agit aussi d'une représentante de la société civile. Et en troisième lieu, « son accession à la tête du FMI consacrerait une forme de génie français *(sic !)* : cette capacité intacte à obtenir des postes prestigieux (FMI, BCE, OMC), en dépit du déclin de notre empire économique ». Formidable, non ? Même Étienne Mougeotte écrit les choses parfois avec plus de subtilité.

Le 1er juillet 2011, le même éditorialiste récidive. Aveuglé par sa passion sarkoziste, il applaudit l'annonce de la réforme des retraites voulue par le chef de l'État, jusqu'à encenser la mesure socialement la plus lourde et la plus contestée, celle qui relève de 60 à 62 ans l'âge légal du départ à la retraite, en la présentant comme un formidable… acquis social. « Le recul de l'âge légal de la retraite est devenu un acquis social sur lequel il sera bien difficile de revenir », s'enthousiasme-t-il de nouveau, ce qui lui vaudra quelques jours plus tard les moqueries bien méritées du *Canard enchaîné* (6 juillet 2001). Lequel palmipède a visiblement cet éditorialiste en ligne de mire puisque deux ans auparavant il avait déjà fait l'éloge moqueur de ce journaliste, qui est aussi propriétaire viticulteur dans le Bordelais, pour un éditorial énergique (*Les Échos*, 19 juin 2009), pressant l'État de suivre l'exemple de l'Espagne... en soutenant « avec fierté ce secteur de l'économie ». Un bien bel éditorial, pour une noble cause : la sienne !

Mais il y a évidemment plus révélateur que des éditoriaux de commande. Ou des éditoriaux faisandés. En amont de tout cela, il y a, encore et toujours, la même consanguinité. Économistes, hiérarques des journaux économiques, milieux d'affaires : il y a même des circonstances où tout ce petit monde se mêle et s'entremêle dans des opérations douteuses, où les groupes financiers prennent tous les postes de commande, ceux que devraient occuper les journalistes comme ceux que devraient occuper les économistes. Tout se dilue, toutes les règles déontologiques s'estompent : c'est la finance qui commande, et tout le monde s'incline.

L'opération chiffrage des programmes pour 2012 est de ce point de vue un modèle du genre. C'est une initiative pour le moins contestable que prend en effet, en octobre 2011, la direction du quotidien *Les Échos*. Elle s'associe à un club patronal ancré à droite, l'Institut Montaigne, pour présenter au cours des prochains mois une des différentes propositions au fur et à mesure que les six principaux candidats à l'élection présidentielle les présenteront. Censée être encadrée par des règles scientifiques indépendantes et incontestables, l'évaluation s'apparente pourtant à une mascarade. À cause du parti pris idéologique qui est inhérent à ce genre de démarche ou encore à cause du profil des équipes, soigneusement gardées secrètes, qui vont procéder aux calculs.

Quand elle est annoncée, cette opération de chiffrage semble, certes, guidée uniquement par de bons sentiments. Puisque les différents candidats à l'élection présidentielle vont égrener au cours des prochains mois leurs propositions de réformes, le quotidien économique dit être dans son rôle en s'associant à un institut connu de la place de Paris pour procéder à ce type d'expertise. La crise des dettes souveraines qui bouscule alors l'Europe accrédite, de plus, l'idée que la question des finances publiques sera au cœur de la confrontation démocratique. Une évaluation rigoureuse de ce que coûteraient les réformes en débat apparaît donc d'autant plus impérieuse.

Sur le site Internet qui est ouvert spécialement à cet effet et qui prend le nom de « 2012, chiffrages-déchiffrages », le directeur de l'Institut Montaigne, Laurent Bigorgne, en donne la garantie absolue : « Tout au long de cette opération, des principes forts nous guideront : – une rigueur absolue dans la méthode employée pour chiffrer et déchiffrer les propositions : les membres de l'équipe sont des experts reconnus dans leur domaine ; nos procédures de validation et la collégialité de nos travaux garantissent en outre la qualité des chiffrages et des analyses ; – une impartialité totale dans le traitement réservé aux différentes forces politiques : ce souci de neutralité nous a conduits à considérer un large panel de candidats, six au total ; en outre, notre dispositif permettra de chiffrer au moins 200 propositions tout au long de la période de campagne ; – une démarche animée par un esprit constructif : notre intention n'est pas de juger les partis politiques, mais d'inciter les candidats à préciser leur programme de campagne et leurs différentes propositions ; notre objectif, *in fine*, est de contribuer à la crédibilité de la parole politique et à l'enrichissement du débat démocratique. »

Et en annonçant l'opération, *Les Échos* (14 novembre) ont donné à leurs lecteurs des garanties identiques : « Le projet, qui se prolongera dans les pages des *Échos* jusqu'au 6 mai, est mené par une quinzaine de "chiffreurs", parfois issus de la haute fonction publique, spécialisés par domaines (énergie, défense, justice, etc.). En les répartissant par thèmes, et non par partis, l'Institut Montaigne entend assurer la parfaite neutralité du chiffrage et l'utilisation des mêmes conventions de calculs entre tous les candidats. »

La vérité, pourtant, c'est que l'opération apparaît d'emblée d'une sincérité douteuse et surtout l'indépendance de la démarche peut légitimement être mise en doute. D'abord, dans son principe même, ce genre de calcul est contestable. Déjà lors de la campagne de 2007, un autre club patronal fortement ancré à droite, l'Institut de l'entreprise, s'était lancé dans un tel chiffrage partisan. Et de nombreux économistes s'en étaient indignés. Dans un point de vue commun intitulé « Manifeste contre une déontologie en rase campagne », le président de l'Observatoire français des conjonctures économiques (OFCE), Jean-Paul Fitoussi, et le directeur du département analyse et prévision du même observatoire, Xavier Timbeau, s'insurgeaient contre cette démarche, estimant qu'elle violait les règles déontologiques des économistes.

Ils faisaient en particulier ces constats : « Le terme même de "chiffrage" est significatif, sa connotation étant davantage comptable qu'économique. Ce glissement sémantique n'est pas innocent, car il tend à véhiculer auprès de l'opinion publique l'idée qu'une arithmétique des programmes politiques est possible, et que parce qu'il s'agit d'argent public, le moins coûteux d'entre eux serait le plus efficace. Une telle perspective est non seulement trompeuse, mais contraire aux exigences minimales de la déontologie économique. Elle est trompeuse parce qu'elle revient à affirmer qu'aucun investissement n'est rentable, qu'aucune entreprise ne vaut d'être créée. Elle contribue de ce fait à déprécier encore davantage l'avenir au prétexte de la comptabilité du présent. Elle est déontologiquement contestable, car le coût *ex ante* (c'est-à-dire sur le papier) d'une mesure ne nous dit rien quant aux bénéfices nets pour la société dans son ensemble que cette mesure produirait après sa mise en œuvre. C'est la raison pour laquelle les économistes ne parlent pas de chiffrage, mais d'évaluation des programmes politiques. »

Vachards, les deux économistes dénonçaient l'opération, en faisant valoir qu'elle avait quelques relents de l'émission de télévision populiste « Combien ça coûte ? ». Digne des émissions trash de TF1, alimentant la détestation de l'État ou de l'impôt, mais pas digne d'un grand débat démocratique…

Pour couper court par avance à la même critique, l'Institut Montaigne s'y prend en cet automne 2011 de manière un peu différente. Sur le site Internet, il y a en effet une partie chiffrage. Mais quand ce chiffrage est impossible, ou quand il faut évaluer les effets positifs d'une mesure, au-delà de son coût budgétaire, il y a une partie « déchiffrage ». Explication de l'Institut Montaigne : « Cet éclairage quantitatif – le "chiffrage" – sera complété par un éclairage qualitatif – le "déchiffrage". En effet, les dépenses sont aussi des investissements dans le futur et elles sont indispensables pour le pays à long terme. Ainsi, l'Institut Montaigne ne se contentera pas de chiffrer les propositions. Il les déchiffrera également afin de les mettre en regard avec les bénéfices qui en sont attendus. »

Seulement voilà ! Même légèrement amendée, la méthode tombe toujours sous la même critique. Car dans la plupart des cas le chiffrage apparaît robuste et le déchiffrage aléatoire : on retient le premier ; et l'on oublie le second. Un seul exemple : l'opinion se souviendra du coût de la proposition de François Hollande d'augmenter de 60 000 le nombre des enseignants – car cela, on sait en mesurer l'impact budgétaire –, mais personne n'aura en tête une mesure du gain, pour la compétitivité de l'économie, d'une Éducation nationale mieux encadrée et de jeunes plus diplômés.

Au total, le biais idéologique reste le même. « Combien ça coûte ? » est le seul véritable étalon de mesure du débat. Et la réponse induite, aussi audacieuses que soient les réformes sous revue, est toujours la même : cher, beaucoup trop cher ! En quelque sorte, l'étalon de mesure privilégié sera le principe ultralibéral de la neutralité budgétaire. Dit autrement, une bonne réforme est une réforme qui ne coûte rien. C'est-à-dire, le plus souvent, une non-réforme ou, pis que cela, une contre-réforme…

Ce biais idéologique n'a, au demeurant, rien de surprenant car l'Institut Montaigne est tout sauf un organisme d'étude indépendant. Qu'il se présente, avec la complicité de la direction des *Échos*, comme l'arbitre impartial de la controverse électorale a même quelque chose de cocasse. Créé à l'initiative de Claude Bébéar, l'un des parrains du capitalisme parisien, l'Institut Montaigne a, en effet, longtemps eu pour directeur l'ex-journaliste du *Point* Philippe Manière, connu pour ses foucades libérales – un Philippe Manière que nous allons bientôt croiser en d'autres lieux. Et même si, depuis, le fougueux responsable a passé la main, l'inspiration de l'institut est à peu de chose près la même : c'est l'un des clubs de réflexion de la galaxie patronale parisienne. Un club pas franchement progressiste…

En douterait-on, il suffit de se référer à ses dernières publications. Très fortement partisanes, elles défendent systématiquement le point de vue patronal. Une note d'août 2011 sur le système des retraites fait ainsi la promotion du système par capitalisation. Une prise de position qui n'a rien de très surprenant : création du groupe Axa, l'Institut Montaigne défend un système par capitalisation que réclament à cor et à cri tous les assureurs privés. Et une autre note récente, d'avril 2011, va dans le même sens pour la santé, en proposant de dynamiter le système de l'assurance-maladie : « L'Institut Montaigne propose un mécanisme de prise en charge jusqu'au dernier euro des assurés sociaux en mettant en place une franchise de base annuelle en deçà de laquelle la dépense de santé serait supportée par l'assuré tandis que l'assurance-maladie obligatoire couvrirait toutes les dépenses supérieures au montant de la franchise. » Et, dans un autre registre, on pourrait évoquer ce rapport beaucoup plus ancien sur la presse, qui faisait des propositions mettant en cause le principe d'indépendance sur lequel ont été bâtis de nombreux quotidiens à la Libération.

Si l'Institut Montaigne est parfaitement dans son droit de procéder à un chiffrage des propositions de réforme pour 2012, il devrait avoir le courage d'annoncer les choses telles qu'elles sont : par construction, son travail ne peut être que partial et son chiffrage nécessairement partisan.

L'opération était d'autant plus sujette à caution que l'identité des « chiffreurs » était inconnue. En présentant l'opération, *Les Échos* se contentaient d'une vague indication : comme on l'a vu, le quotidien disait juste que le projet devait être « mené par une quinzaine de "chiffreurs", parfois issus de la haute fonction publique, spécialisés par domaines (énergie, défense, justice, etc.) », sans préciser à leurs lecteurs l'identité de ces hauts fonctionnaires. Avaient-ils seulement des compétences budgétaires ou savaient-ils faire « tourner » des modèles permettant d'évaluer sur le long terme les effets complexes des politiques publiques ? Mystère ! L'Institut Montaigne, lui, ne disait rien sur le sujet. Interrogé par *Mediapart*, son directeur précisait qu'il ne connaissait pas lui-même tous les experts. Pour justifier le secret, il faisait valoir que ces hauts fonctionnaires pourraient avoir des soucis avec leurs corps d'origine si leur identité était mise sur la place publique. Il affirmait connaître les trois principaux « chiffreurs », qui constituaient un noyau central, mais il disait ignorer le réseau d'experts qu'ils avaient mis au point.

Comment savoir si l'un des « chiffreurs » n'était pas en conflit d'intérêts ? Comment être certain qu'un calcul n'était pas du même coup biaisé ou carrément faisandé ? C'est dire si cette opération de chiffrages-déchiffrages faisait craindre des… enfumages, tant elle inspirait une légitime suspicion. C'était un peu trop obscur pour être honnête…

Ce n'est bien sûr qu'une péripétie de la campagne électorale. Mais elle en dit long sur les mœurs déontologiques des directions de la rédaction de certains journaux. Aux économistes qui négligent d'afficher leurs *outside activities* répondent des journalistes qui ne se sentent pas dans une obligation impérieuse de rendre compte à leurs lecteurs des méthodes qu'ils utilisent pour évaluer les promesses de tel ou tel candidat, pour la bonne raison que le calcul est en fait sous-traité à une officine patronale, laquelle a mis sur le coup un groupe secret de hauts fonctionnaires. Allez vous étonner ensuite qu'il pèse sur la presse un formidable discrédit. Et que certains économistes n'inspirent pas plus confiance…

Car les uns et les autres peuvent parfois donner le sentiment de faire partie de la même petite oligarchie.

Il se trouve même des journalistes économiques qui à force de côtoyer les grands de ce monde en arrivent à se convaincre qu'ils font eux-mêmes partie d'une sorte d'élite autoproclamée et, s'exonérant des principes d'indépendance, abandonnent par éclipse leur métier pour se transmuter eux-mêmes en économistes. Ou en conseillers du Prince. En clair, ce mélange des genres auquel cèdent de trop nombreux économistes français, des journalistes eux aussi y succombent avec délices. Résultat : on retrouve des journalistes dans des commissions ou des instances publiques qui ont pour vocation de conseiller le gouvernement ou l'éclairer sur ses choix.

On retrouve par exemple des journalistes au sein de la Commission économique de la nation aux côtés de tous les économistes de la place – commission qui a statutairement pour mission d'examiner « des thèmes économiques choisis par le ministre chargé de l'économie et se réunit quatre fois par an sur convocation de celui-ci ». Nommé aux termes d'un arrêté du 1er mars 2010 pris par Christine Lagarde, alors ministre des Finances – tiens ! tiens ! –, Dominique Seux, encore lui, fait ainsi partie de cette commission, de même que Philippe Manière, l'ex-éditorialiste économique du *Point*, qui a longtemps dirigé le « think tank » de Claude Bébéar... l'Institut Montaigne ! Dans les années antérieures, d'autres journalistes ont pratiqué le même mélange des genres en siégeant dans la même instance, notamment Erik Izraelewicz, aujourd'hui directeur du *Monde*, ou encore Jean-Pierre Robin, chroniqueur économique du *Figaro*.

On objectera, certes, que cette commission n'a strictement aucun rôle. C'est juste un point de rencontre entre les économistes, notamment ceux qui pilotent les principaux instituts de conjoncture, les hauts fonctionnaires de Bercy et les ministres des Finances. Et pour les journalistes qui y siègent, c'est un lieu de mondanité, rien de plus. Mais le fait est évidemment révélateur, car des hiérarques de la presse économique, on en trouve en vérité dans de nombreuses autres instances. Bien plus compromettantes encore.

À titre d'exemple, Éric Le Boucher, ancien éditorialiste du *Monde* devenu directeur de la rédaction du magazine *Enjeux-Les Échos*, a ainsi siégé au sein de la commission Attali. Il a donc endossé, lui aussi, la responsabilité de la purge libérale préconisée par le rapport de ladite commission. Mais, avec lui, le mélange des genres va encore plus loin : Éric Le

Boucher est en effet l'un des cofondateurs du site Internet Slate.fr, dont un autre des cofondateurs n'est autre que… Jacques Attali lui-même.

Et puis à la liste des cofondateurs du site, on pourrait encore ajouter Jean-Marie Colombani, l'ancien directeur déchu du *Monde* qui, lui, siège au conseil d'administration de l'assureur Generali, dont l'homme fort a longtemps été Antoine Bernheim, l'un des grands parrains du capitalisme français.

Bref, là encore, c'est du Balzac. On croirait lire *Splendeurs et misères des courtisanes* : « Quiconque a trempé dans le journalisme ou y trempe encore est dans la nécessité cruelle de saluer les hommes qu'il méprise, de sourire à son meilleur ennemi, de pactiser avec les plus fétides bassesses, de se salir les doigts en voulant payer ses agresseurs avec leur monnaie. On s'habitue à voir faire le mal, à le laisser passer ; on commence par l'approuver, on finit par le commettre. À la longue, l'âme, sans cesse maculée par de honteuses et continuelles transactions, s'amoindrit, le ressort des pensées nobles se rouille […] Tel qui voulait s'enorgueillir de ses pages se dépense en de tristes articles que sa conscience lui signale tôt ou tard comme autant de mauvaises actions. »

Oui, c'est du Balzac. C'est le ballet d'un étrange microcosme, où toutes les frontières ont été abolies ; où plus rien ne distingue les journalistes de ceux dont ils sont censés tenir la chronique : les économistes aussi bien que les personnalités du monde des affaires et de la politique. C'est un microcosme qui partage les mêmes convictions, celles de la « pensée unique », et qui tient le haut du pavé.

Un étrange microcosme, en vérité, où il arrive même que le propriétaire d'un journal économique soit dans le même temps l'actionnaire de sociétés de gestion financière, et que l'un recommande à ses lecteurs d'acheter ce que les autres… vendent. Pour le commun des mortels, ce genre de gymnastique semble prohibé. On se dit qu'il faut remonter au *Temps*, le journal affairiste de l'entre-deux-guerres, sous contrôle du Comité des forges, pour trouver semblables conflits d'intérêts dans la vie des affaires. Et pourtant non ! De nos jours, cela existe toujours.

C'est *La Lettre A*, puis *Rue89* (24 novembre 2011), qui ont révélé le pot aux roses : en son temps candidat au rachat du groupe *Le Monde*, l'homme d'affaires Robert Monteux est le principal actionnaire du groupe *Le Revenu*, éditeur de deux publications, *Le Revenu Hebdo Bourse* et *Le Revenu Mensuel Placements*. Mais il est aussi, avec son épouse, le gérant de BYC Consultants, qui contrôle deux sociétés de courtiers en assurances. Il peut dans l'une ou l'autre publication recommander l'achat de produits d'assurance-vie commercialisés… par lui-même ! Et dans ce monde merveilleux, il ne risque pas grande réprimande puisqu'il est aussi le secrétaire général du syndicat professionnel de la presse magazine et d'opinion (*Canard enchaîné*, *Nouvel Obs*, *Figaro Magazine*, *Monde diplo*…), lequel syndicat a créé une association dénommée Fidéo chargée elle-même de veiller aux conflits d'intérêts et à l'éthique de la profession. Et qui est le secrétaire général de cette association ? Eh oui ! Robert Monteux lui-même.

Le mélange des genres ne prend pas toujours une tournure aussi spectaculaire : *Le Monde* a annoncé en février 2012 qu'il comptait organiser le mois suivant au Carrousel du Louvre, à Paris, une réunion en présence de deux candidats à l'élection présidentielle, Nicolas Sarkozy et François Hollande, pour les faire débattre de la compétitivité de la France. Louable intention démocratique sauf que… le quotidien créé par Hubert Beuve-Méry a décidé d'organiser cet événement en partenariat avec l'Association française des entreprises privées (Afep), le très influent lobby, autrement plus puissant que le Medef, qui regroupe les plus grands patrons français. En quelque sorte, le Comité des forges. Le fondateur du quotidien s'en est probablement retourné dans sa tombe, lui qui avait imaginé *Le Monde* à la fin de la guerre afin justement de tourner la page sombre du *Temps*, le journal du Comité des forges accusé de collaboration, symbole de cette « presse d'industrie » dont Hubert Beuve-Méry voulait absolument se démarquer.

Sur les systèmes de consanguinité qui existe entre la presse et les milieux d'affaires, sur cette connivence généralisée, une personnalité du monde des affaires peut personnellement en témoigner : Michel Pébereau, le banquier qui a présidé pendant presque deux décennies aux destinées de BNP Paribas. Abandonnant ses ultimes fonctions exécutives à la tête de l'établissement à l'automne 2011, il aurait pu partir par la petite porte. Presque sous les sifflets. Que l'on se souvienne en effet de son rôle, depuis 2007. Contribuant, avec le patron d'Axa, Henri de Castries, à écrire le volet économique du candidat Nicolas Sarkozy lors de la campagne présidentielle, il a ensuite joué un rôle majeur dans les coulisses du pouvoir, dans un mélange des genres très français, un pied à l'Élysée ou à Bercy, l'autre dans la vie des affaires. Membre du groupe constitué à l'Élysée autour de Claude

Guéant pour piloter la Révision générale des politiques publiques, il a en grande partie conçu le plan d'aide aux banques décidé par le gouvernement en 2008. Banquier officiellement, mais quasi-vice-ministre…

Patron de BNP Paribas le jour, conseiller de Nicolas Sarkozy ou de Christine Lagarde le soir, il a donc lourdement pesé pour que le plan français en faveur des banques soit tout à leur profit, sans contrepartie ni engagements de leur part. À ce titre, dans les coulisses de la vie des affaires et du sommet de l'État, il porte une part de responsabilité dans cette crise qui, loin d'avoir été colmatée en 2008, a ensuite rebondi et s'est creusée encore davantage.

Mais, quand Michel Pébereau a quitté BNP Paribas, qu'est-il advenu ? Il s'est trouvé, mi-novembre 2011, quelques hiérarques des *Échos* et quelques économistes pour lui décerner – sans rire – le « Grand Prix de l'économie 2011 ». Et qui composait le jury, rassemblé par ce journal et Radio Classique ? Il y avait là presque tous nos amis, économistes et journalistes, que nous avons croisés au fil de notre histoire : pêle-mêle le président du Cercle des économistes Jean-Hervé Lorenzi, l'économiste Laurence Boone ou encore les journalistes Éric Le Boucher et Dominique Seux, flanqués des autres responsables du journal.

Avec des hiérarques dans la presse aussi complaisants, et des économistes aussi peu indépendants, c'est vraiment le rêve d'être financier en France, n'est-ce pas ? Par les temps qui courent, c'est l'un des rares pays au monde où les banquiers reçoivent d'aussi chaleureux encouragements.

10

Les agents doubles de la pensée unique

D'Alain Minc jusqu'à Jacques Attali, nous avons pu en prendre la mesure : cette OPA que la finance a faite sur le monde des économistes, et, au-delà, le système de l'oligarchie française, produit nécessairement de la « pensée unique ». Le peuple peut voter, la démocratie peut faire son œuvre… les mêmes survivent à toutes les alternances et enferment toutes les politiques économiques dans le même « cercle de la raison ». Tout peut changer, mais rien ne change. C'est l'éternel commandement que nous avons déjà évoqué, celui de « Tina ». « *There is no alternative* »…

C'est évidemment le système Alain Minc. Ami et conseiller de Nicolas Sarkozy, il a été son conseiller occulte depuis 2007 et a souvent cherché à en tirer avantage pour ses clients. Mais il a longtemps conseillé aussi Dominique Strauss-Kahn et est un ami proche de Martine Aubry – il était de la fête, à Lille, le 5 septembre 2010, lors de son anniversaire. Quoi qu'il arrive, Alain Minc cherchera à surnager. Pour défendre les intérêts de ses richissimes clients. Pour nouer des intrigues dans les coulisses du pouvoir si c'est la gauche qui sort victorieuse de la présidentielle de 2012. Pour tirer avantage de la victoire de Nicolas Sarkozy, si c'est lui qui l'emporte.

Et avec Jacques Attali, la comédie du pouvoir est tristement la même. Obséquieux avec Nicolas Sarkozy depuis 2007, il s'est agacé de ne pas avoir été récompensé de tous ses efforts, et sentant sans doute le vent tourner, il a pris position à l'automne 2011 pour François Hollande, après avoir longtemps été proche de Ségolène Royal. « Hollandais » de fraîche date, sans doute veut-il défendre auprès du candidat socialiste pour la présidentielle de 2012 les mêmes politiques réactionnaires que celles qu'il a « vendues » à Nicolas Sarkozy ces dernières années avec sa commission.

Dans les derniers mois du quinquennat de Nicolas Sarkozy, il a même essayé – en vain – de convaincre la commission qui porte son nom de faire une déclaration publique, au début du mois de décembre 2011, en faveur d'une « véritable union nationale », afin d'appliquer sans discontinuer la même politique d'austérité. Stratagème transparent : il s'agissait de priver le peuple du débat démocratique de 2012. Stratagème révélateur : somme toute, il s'agit de la poursuite d'un but commun à toutes les ploutocraties, celui d'un gouvernement des élites, chargé de faire des économies draconiennes, et pourquoi pas ? jusqu'à l'économie du suffrage universel…

S'il n'y avait que ces deux intrigants dans la petite cour de récréation du capitalisme parisien, sans doute ne faudrait-il pas y prendre garde. Mais le mal qui guette la démocratie française est beaucoup plus profond que cela. Parce que les forces qui poussent à la reproduction permanente des mêmes politiques économiques sont beaucoup plus nombreuses que cela. C'est ce que suggère notre plongée dans la galaxie des économistes français : le mélange des genres a fait de considérables dégâts dans ces cénacles ; et l'un de ses effets les plus terribles, c'est une sorte de processus d'uniformisation. C'est le syndrome Minc ou Attali à grande échelle : beaucoup se sont convertis à ce déprimant prêt-à-penser libéral… Et à chaque fois qu'une alternance s'annonce, c'est le même bal des vanités et des ambitions qui reprend : des économistes de renom qui jouaient les courtisans sous la majorité sortante font leur cour au candidat qui pourrait incarner le changement. Pour lui recommander de mettre en œuvre encore et toujours les mêmes politiques. Celles-là mêmes qui ont conduit à la crise historique présente.

Certes, les agents doubles de la pensée unique ne se présentent pas de la sorte, à visage découvert. Ils font semblant. En quelque sorte, ils respectent les apparences. Prenons, à titre d'illustration, la campagne de François Hollande pour la présidentielle de 2012. Féru d'économie, le candidat socialiste pour la présidentielle a en effet eu à cœur de montrer qu'il était une force d'attraction pour des économistes de renom. À l'occasion de deux réunions, l'une le 24 août 2011 à la Maison de l'Amérique latine, à Paris, l'autre le 9 novembre suivant dans la même enceinte, il a rassemblé autour de lui quelques-uns des plus grands économistes français. Des économistes de gauche, il va sans dire…

À l'une ou l'autre de ces deux réunions, il y avait quelques-uns des économistes français les plus en vue, dont beaucoup de ceux croisés au fil de notre récit. Citons, pêle-mêle, le président du Cercle des économistes, Jean-Hervé Lorenzi, l'économiste de Harvard Philippe Aghion, l'économiste de la Banque de France

Gilbert Cette, Agnès Bénassy-Quéré qui est professeur à Polytechnique et directrice du Centre d'études prospectives et d'informations internationales (CEPII), Karine Berger qui est polytechnicienne et économiste au sein de la SFAC, Thomas Philippon, professeur d'économie à l'université de New York et à l'École d'économie de Paris, ou encore Romain Rancière, normalien, diplômé de l'université de New York et lui aussi professeur à l'École d'économie de Paris et ancien du FMI, ou encore Stéphane Boujnah qui est directeur général du secteur banque d'investissement de Banco Santander France.

Jusque-là rien que de très normal. En démocratie, il est logique que les économistes qui sont aussi des citoyens, et qui peuvent espérer faire avancer des réformes qu'ils ont conçues, se mettent au service du candidat qui a leur faveur. Dans ce cas, nul conflit d'intérêts, tout au contraire. Qui irait reprocher à John Maynard Keynes d'avoir fait en permanence des va-et-vient entre son activité intellectuelle de théoricien de l'économie et celle de conseiller du Trésor britannique ? Personne. Naturellement, une activité nourrit l'autre.

Il en va de même pour l'élection présidentielle de 2012 : si l'économiste Jean-Hervé Lorenzi a des convictions économiques marquées qui le poussent à se rapprocher de François Hollande, pour faire sa campagne sinon le conseiller, qui le lui reprochera ? Et puis dans ce cas-là, il y a même, en apparence, une forme de rectitude. Ancien conseiller économique d'Édith Cresson à Matignon, Jean-Hervé Lorenzi a pris position en 2007 pour Ségolène Royal. Il y a bien une cohérence à ce qu'il soit devenu l'un des soutiens de François Hollande pour 2012.

Oui, une cohérence. Le 24 août 2011, le président du Cercle des économistes occupait donc une place de choix : aux côtés de la socialiste Marisol Touraine, c'est lui qui était en charge de l'une des trois tables rondes, celle qui se penchait sur la difficile question : « Concilier pouvoir d'achat, compétitivité et consolidation des finances publiques. » Les mois suivants, il continuera à faire campagne pour son champion. Le 9 février 2012, il accorde par exemple une interview à *Libération* qui résume ainsi son propos en sous-titre : « L'économiste Jean-Hervé Lorenzi défend le programme de Hollande mis en question par la Cour des comptes ». Le quotidien présente en ces termes son invité : « Président du Cercle des économistes, conseiller auprès du directoire de la Compagnie financière Edmond de Rothschild, Jean-Hervé Lorenzi est également un proche de François Hollande. » Puis, l'économiste réplique aux critiques de la Cour des comptes sur certains aspects du programme du candidat socialiste : « Si la critique s'adresse à François Hollande, ou à d'autres, la Cour des comptes devrait intégrer le fait que si la gauche prévoit une hausse du taux des prélèvements obligatoires, elle le fera avec le souci d'une plus grande équité. Car tout le monde sait que ces prélèvements sont inversement proportionnels à la richesse des individus. La gauche veut justement corriger cette injustice en élargissant leur assiette et en taxant davantage les plus riches », explique-t-il par exemple. Comment douter après une semblable déclaration de la sincérité de son engagement en faveur de la gauche ?

Sauf que… avant d'en être définitivement certain, peut-être vaut-il mieux connaître une péripétie de la campagne de 2007, qui n'avait jamais été racontée, sauf de manière succincte dans un livre de la journaliste Hedwige Chevrillon, *Sarkozy Connection* (Hachette Littératures, 2007).

Pour préparer sa prise du pouvoir, Nicolas Sarkozy décide d'organiser les choses de manière très méthodique. Pour anéantir le dernier carré des chiraquiens et préparer sa victoire face à la gauche, le champion de l'UMP installe ainsi dès la mi-2005 un groupe secret chargé de réfléchir à son programme économique. Il y a bien une cellule qui travaille sur le même sujet mais, pilotée par Emmanuelle Mignon, elle ne produit rien que de très classique aux yeux de Nicolas Sarkozy. Rien d'assez énergique pour faire entendre la petite musique de « rupture » que le candidat a choisie comme signe distinctif.

Sous l'appellation du « Collège des Dix », un petit groupe d'experts est constitué en catimini sous la houlette de l'ancien ministre du Budget Alain Lambert, devenu sénateur, et avec, notamment, Henri de Castries, le très libéral patron d'Axa dont nous avons déjà amplement parlé. À partir du 3 novembre 2005, date de la première réunion, ces experts, qui sont en fait plus que dix, se mettent au travail. Ils se réunissent le jeudi à partir de 18 heures, au Sénat, à raison d'une réunion par mois. Tout est méticuleusement organisé. C'est une jeune inspectrice des Finances, Marguerite Bérard, qui est devenue ensuite la directrice de cabinet de Xavier Bertrand au ministère du Travail, qui tient le secrétariat général des séances.

À droite toute ! Dans une logique libérale, les experts se mettent à peaufiner les réformes que leur a demandées Nicolas Sarkozy. Dans un document daté du 2 novembre 2005, adressé à tous les membres du Collège des Dix, l'ordre du jour est fixé. Il s'agit d'établir un « projet économique pour la prochaine législative ». Un premier chantier est proposé : « Ouvrir l'accès à l'emploi ». Le document précise qu'il s'agira de réfléchir à diverses questions : « Comment moderniser le droit du travail pour lever les obstacles à l'embauche ? Par quels moyens permettre de travailler plus pour gagner plus ? »

Ensuite sont énumérés les autres chantiers. L'un d'eux visera à « libérer le potentiel de création de richesses » ; le suivant à « insérer la France dans la nouvelle économie de la connaissance » ; le quatrième à « moderniser nos dépenses et moderniser la gestion publique ». Et ainsi de suite, le document propose pêle-mêle une cascade de pistes de réflexion, toutes très marquées à droite : « Comment contenir l'évolution des dépenses sociales ? » ; « Comment faire de la réforme de l'État un objectif prioritaire de la prochaine législature ? » ; « Le statut de la fonction publique doit-il être aménagé ? » ; « Quelles ouvertures de capital pour les entreprises publiques ? ».

Un autre texte est envoyé à la même époque aux membres du Collège. Intitulé « Fonctionnement du Collège des Dix, propositions », il précise en particulier ceci : « L'objectif est d'aboutir d'ici le 30 juin 2006 à une liste de propositions concrètes susceptibles d'enrichir les débats des échéances électorales de 2007. Les membres du Collège ont pris l'engagement d'entourer leurs échanges de la plus stricte confidentialité. »

Ce qui s'élabore, dès 2005, ce sont les grandes réformes que Nicolas Sarkozy fera dans les premiers mois de son quinquennat : de l'allégement des charges en faveur des heures supplémentaires jusqu'à la réforme du code du travail pour remettre en cause le contrat à durée indéterminée, sous la forme d'un contrat de mission. Dans cette ébauche de programme, on devine aussi la philosophie qui va inspirer à partir de la mi-2007 la brutale réforme de l'État connue sous l'appellation de révision générale des politiques publiques (RGPP). On y trouve enfin, en pointillé, l'idée qui sera à l'origine de la constitution de la commission Attali, puisqu'il est déjà fait mention de « libérer le potentiel de création de richesses ».

Au cours des séances de travail, plusieurs membres n'ont eu de cesse de se livrer à une surenchère libérale. Henri de Castries a ainsi été jusqu'à proposer que l'on privatise l'Éducation nationale – ce qui éclaire sous un nouveau jour, soit dit en passant, son implication au sein de l'École d'économie de Paris et au sein de l'École d'économie de Toulouse. Pour finir, le Groupe des Dix est convié à la mi-septembre 2006 au ministère de l'Intérieur pour remettre à Nicolas Sarkozy le rapport qu'il avait concocté, lourd de près de 150 pages. Une ultime réunion se tient avec tout ce petit monde, autour de Nicolas Sarkozy, de Claude Guéant, d'Emmanuelle Mignon, d'Alain Lambert et d'Henri de Castries.

Mais qui sont les experts qui étaient membres de cette instance secrète ? Sans grande surprise, on retrouve une belle brochette d'intellectuels défendant de longue date des thèses ultralibérales. Dans le lot il y avait ainsi Nicolas Baverez ; l'économiste de l'OCDE Frédéric Gonnand ; un haut fonctionnaire de Bercy, Jean-Luc Tavernier ; un haut fonctionnaire de la Direction des études du ministère du Travail, Antoine Magnier ; l'éditorialiste économique du *Figaro*, Yves de Kerdrel ; un autre ex-journaliste devenu directeur de l'Institut Montaigne, Philippe Manière ; le directeur adjoint du cabinet de Jean-François Copé, Philippe Heim (qui venait en cachette, pour que son patron, à l'époque en froid avec Nicolas Sarkozy, ne le sache pas) ; et encore Pierre Mariani, l'ami de Nicolas Sarkozy, ex-directeur de cabinet au Budget qui a pris ultérieurement les commandes de Dexia, la banque franco-belge des collectivités locales en situation de quasi-faillite.

Mais ce n'est pas tout. Participaient à ce petit groupe deux économistes de renom : le patron du CAE, Christian de Boissieu ; et le président du… Cercle des économistes, Jean-Hervé Lorenzi. Eh oui ! Jean-Hervé Lorenzi était dans les deux camps à la fois. D'un côté, il s'apprêtait à soutenir publiquement Ségolène Royal, mais de l'autre, dans un groupe secret, il peaufinait à l'avance les réformes ultralibérales dont avait besoin Nicolas Sarkozy. C'est dire qu'Alain Minc et Jacques Attali ne sont que les parties les plus visibles d'un même système : moins visibles qu'eux et parfois aussi moins talentueux, de nombreux autres économistes vont, sans le moindre scrupule, d'un camp à l'autre, au gré des alternances. Ce serait stupide d'insulter l'avenir, n'est-ce pas ?

La présence de Jean-Hervé Lorenzi aux réunions organisées par François Hollande pour lancer sa campagne met en relief les mœurs de cette petite camarilla d'économistes mondains qui gravitent autour du pouvoir, quel que soit ce pouvoir. Mais cela nous éclaire également sur ces politiques qui s'accommodent de ce système ou qui le favorisent. François Hollande a-t-il ainsi encore l'ambition de « changer la vie », comme le promettaient les socialistes de 1981 ? La réponse ne tient pas qu'en ces seuls symboles, mais assurément ils comptent aussi. Si le candidat socialiste à l'élection présidentielle a choisi de s'afficher avec ces économistes multicartes, c'est un signe de conservatisme qui n'est pas de très bon augure.

Car Jean-Hervé Lorenzi n'est pas un cas isolé – et tout est là ! Ils sont en fait légion à faire comme lui l'essuie-glace, allant de droite et de gauche au gré des alternances. Il existe, certes, de notables exceptions. Il y a des économistes, tel Thomas Piketty ou encore Philippe Askenazy, qui ont des convictions citoyennes ancrées à gauche et qui restent fidèles à leurs engagements, quel que soit l'air du temps. Et avec eux, de très nombreux autres économistes. Et, à droite, il est d'autres économistes qui ont des convictions libérales, tel Jacques Delpla, qui restent aussi fidèles à leurs idées. Mais, dans la galaxie des experts qui ont une forte visibilité médiatique, ils ne sont pas si nombreux que cela.

Poursuivons un instant cette galerie de portraits des économistes présents ce fameux 24 août 2011 à la Maison de l'Amérique latine à Paris, à côté de François Hollande. Dans la troisième table ronde présidée par Jean-Hervé Lorenzi, se trouvait un certain Gilbert Cette, économiste à la Banque de France. Un cas intéressant, lui aussi. Ou plutôt démocratiquement tout aussi inquiétant.

Après avoir longtemps navigué dans les coulisses de la gauche et œuvré à la réforme des 35 heures, Gilbert Cette s'est en effet adapté au climat ambiant, quand Nicolas Sarkozy a pris le pouvoir. Et, sachant que la nouvelle majorité rêvait d'en découdre avec cet insupportable acquis qu'est le salaire minimum pour les salariés pauvres, il a bricolé en 2008 avec deux autres économistes, Pierre Cahuc (chargé de mission au Crest-Insee et professeur à l'École polytechnique) et André Zylberberg (directeur de recherche au CNRS), un rapport de commande, sous l'égide du Conseil d'analyse économique, proposant de casser l'indexation du Smic, intitulé « Smic, revenu minimum et coût du travail : quelle articulation pour combiner justice sociale, incitation au travail et compétitivité ? ».

Tout au long de leur étude (85 pages), les auteurs multiplient les critiques contre le salaire minimum. Estimant qu'il « couvre en France une proportion de salariés plus importante que dans les autres pays de l'OCDE » et déplorant qu'il soit « fixé par voie légale, de manière uniforme », ils font ce constat central : « Le salaire minimum n'est pas un instrument efficace de lutte contre les inégalités. » Reprenant les thèses réactionnaires d'un Denis Olivennes ou d'un Alain Minc déjà évoquées, ce document concluait à l'impérieuse nécessité d'une réforme du Smic. Un rapport que la droite a évidemment applaudi des deux mains. Et de la parole aux actes ! Pour la première fois depuis que le Smic est Smic, il n'a pas profité du moindre « coup de pouce » pendant toute la durée du quinquennat de Nicolas Sarkozy. Tandis que les plus riches, eux, ont bénéficié d'une cascade de cadeaux, fiscaux mais pas seulement.

Trois ans plus tard, qui ressort de sa boîte, ce 24 août 2011, autour de François Hollande ? Gilbert Cette, encore lui. Non pas qu'il ait choisi de battre sa coulpe et de préconiser enfin une politique sociale plus favorable au travail et aux salariés modestes. Non ! Le comble, c'est que le candidat socialiste lui offre une tribune pour… redire ce qu'il disait pour justifier la politique économique inégalitaire de Nicolas Sarkozy.

Publié sur le blog de François Hollande, le compte rendu officiel de cette réunion du 24 août laisse en effet pantois. Cela commence par l'énoncé suivant : « Cette troisième table ronde a permis de définir des pistes de conciliation entre, d'une part, la sauvegarde du pouvoir d'achat et, d'autre part, deux forces contraires : un regain de compétitivité qui plaide pour une modération salariale et un contexte de sobriété budgétaire susceptible de toucher les dépenses dont bénéficient les foyers modestes. »

Autrement dit, la table ronde fait siens tous les poncifs de la politique libérale, qui a été le socle des politiques économiques suivies par la droite comme par la gauche depuis le virage de 1982-1983 : une politique salariale trop généreuse fait le lit du chômage et nuit à la compétitivité. Cela a été en particulier le credo de Pierre Bérégovoy comme celui d'Édouard Balladur. Il faut donc conduire une politique de l'offre plutôt qu'une politique de la demande. Tout est dit dans cette formule : il faut privilégier « un regain de compétitivité » et cela « plaide pour une modération salariale ». Même Nicolas Sarkozy, dont les discours sont écrits par l'habile Henri Guaino, n'ose plus dire les choses avec cette brutalité technocratique.

Poursuivons encore avec nos deux réunions d'experts autour de François Hollande. Car dans le lot de ceux qui s'affichent avec le futur candidat socialiste à l'élection présidentielle on relève d'autres noms qui ne nous sont pas inconnus et ont tous entre eux un point commun. Ceux de l'associé gérant de la banque Rothschild Emmanuel Macron, du professeur de Harvard Philippe Aghion ou encore de celui Stéphane Boujnah, ex-conseiller de Dominique Strauss-Kahn et patron de la Banque Santander en France.

Et quel est ce point commun ? Ils ont tous participé à la commission Attali, constituée à la demande de Nicolas Sarkozy. Cette commission pas franchement progressiste, on s'en souvient, qui préconisait une cascade de mesures de déréglementation économique et sociale, en précisant qu'elles « devront ensuite être poursuivies avec ténacité, pendant plusieurs mandats, quelles que soient les majorités ». Les voilà les agents doubles de la pensée unique ! Les voilà, en meute, chassant un jour pour le compte de Nicolas Sarkozy, puis venant le lendemain braconner sur les terrains de la gauche. Et aux avant-postes, il y a pléthore d'économistes et d'experts qui, sentant les vents peut-être tourner, changent de champion mais surtout pas d'obsessions. Vieilles ritournelles que l'on entend depuis près de trente ans… Encore et toujours la modération salariale ! Plus que jamais l'austérité ! Toujours « moins d'État » et beaucoup « plus de marché »…

Dans l'inventaire que je dresse ici des économistes, il se peut que je manque de nuances et que je méconnaisse la sincérité du parcours de l'un de ces économistes qui, estimant avoir fait fausse route en soutenant le champion de la droite, appuie désormais celui de la gauche. Quiconque s'est trompé et l'admet doit naturellement être salué. Dans toutes les époques de violentes turbulences, il est ainsi des parcours qui bifurquent. Il est des esprits courageux et honnêtes qui reconnaissent leur myopie passée. Ne prenons qu'un seul exemple, celui de l'intellectuel et journaliste Jacques Julliard. Figure de proue durant longtemps de la deuxième gauche, il a chanté les louanges de l'économie mixte et fait grief à la première gauche d'être trop « archéo », pas assez ouverte aux mutations du monde et à la mondialisation. En bon rocardien qu'il était, il a vilipendé pendant des années les nationalisations, faisant valoir qu'elles tournaient le dos à la modernité. Et puis, sous la violence de la crise, l'intellectuel a battu sa coulpe. Formidable lucidité ! Il a admis qu'il s'était trompé. Et présentant dans *Libération* (18 janvier 2010) « Vingt thèses pour repartir du pied gauche », il s'est mis à dénoncer ce « nouvel âge du capitalisme », dont il était auparavant un laudateur, allant même jusqu'à plaider en faveur de « la maîtrise du crédit, au moyen de la nationalisation, au moins partielle, du système bancaire, qui est la source de la crise actuelle » – ce qui aurait été pour lui quelques années auparavant le comble de l'archaïsme.

Cette force de caractère qui pousse à analyser jusqu'à ses propres erreurs, cette belle intelligence qui va jusqu'à penser contre elle-même, il faut effectivement la saluer. Mais avec nombre de nos économistes ce n'est pas de cela dont il s'agit. C'est même exactement l'inverse : c'est le plus souvent le conservatisme intellectuel qui les conduit à changer de camp, pour défendre au mieux toujours les mêmes idées. Et au passage, garder leurs positions sociales et leurs avantages. Et ce conservatisme-là, c'est évidemment l'un des très graves dangers qui pèsent sur la démocratie, car l'opinion a du même coup le sentiment légitime que, par-delà les alternances, par-delà la volonté du peuple, c'est la même politique économique qui est invariablement appliquée, à quelques symboles près.

On le voit, le choix des économistes avec lesquels il a tenu à s'afficher dit quelque chose de François Hollande et de la politique économique qu'il pourrait mettre en œuvre s'il accédait à l'Élysée. S'il a dans son entourage une brochette d'experts qui auparavant siégeaient au sein de la très libérale commission Attali, c'est qu'il risque forcément de flotter comme un petit parfum d'austérité dans les mois ou les années qui viennent.

Mais, de cette situation, les économistes sont aussi comptables. Car, dans leur diversité, il leur appartient que leur discipline garde sa richesse et son pluralisme. Qu'elle garde de l'économie la tradition la plus vivante – la tradition de l'économie politique. En clair, que cette discipline, en interaction avec les autres sciences sociales, balise les champs du possible. Qu'elle tourne le dos à la « pensée unique ».

Mais pour cela encore faudrait-il que l'OPA de la finance sur le monde de la recherche et de l'enseignement de l'économie ne finisse pas par réussir. Elle est pourtant, hélas, aujourd'hui en bonne voie. En plus des souffrances sociales, c'est ce que révèle malheureusement la crise : le groupe des économistes le plus visible, celui qui est médiatiquement le mieux traité, celui qui est aussi le plus consulté, même par la gauche, est aussi celui qui a le plus d'attaches avec ce monde fou de la finance, celui qui en reçoit le plus de subsides.

Pour ouvrir des voies nouvelles en économie, pour être intellectuellement indépendant et faire preuve d'audace et même, si cela s'avère nécessaire en ces temps de crise, de radicalité, les économistes sont-ils condamnés à faire la manche auprès de ce monde de l'argent fou qui a précipité la planète dans cette tourmente ? Faut-il qu'ils acceptent cette dangereuse et corruptive dépendance ? Le pouvoir de la finance et du CAC 40 est si fort que nul ne peut éluder la question. Et surtout pas les « think tank » qui se revendiquent de la gauche. Prenons un seul exemple, celui du très à la mode « think tank » Terra Nova, présidé par Olivier Ferrand, un ancien collaborateur de Dominique Strauss-Kahn, qui à l'occasion n'a pas répugné à jouer les petites mains pour aider Alain Minc à écrire ses livres. Terra Nova se qualifie elle-même de « fondation progressiste ». Pourtant, ses financements sont assurés à hauteur de 80 % par des groupes industriels dont certains figurent parmi les poids lourds du capitalisme français : Areva, Air France, EADS, EDF, Ernst & Young, GDF Suez ou encore Microsoft.

Et cela serait sans effet sur les productions intellectuelles ? De tels financeurs s'accommodent sûrement de dissertations un tantinet « bobos », furieusement parisiennes et passablement réactionnaires sur la fin supposée de la classe ouvrière mais toléreraient-ils des thèses radicales ou subversives ? Qu'il nous soit permis d'en douter.

Ce n'est pas le vieux monde qui financera l'émergence du monde nouveau. Ce n'est pas le monde de l'argent roi qui financera sa propre subversion. Par la force des choses, il ne sécrétera que du conservatisme. Dans l'univers de la politique comme dans celui de la recherche économique…

Conclusion

Qu'il me soit permis d'achever ce livre sur une note plus personnelle : c'est l'économiste Thomas Piketty, quand je l'ai rencontré pour discuter de mon travail, qui m'a involontairement soufflé l'idée de cette conclusion. Le faisant parler du rôle, décisif, qu'il a joué dans la création de l'École d'économie de Paris, sur les financements privés qu'il a dû trouver sans trop d'entrain, lui qui ne fait vraiment pas partie du cercle des économistes mondains, et sur l'indépendance de l'école qu'il fallait dans le même temps préserver, il m'a fait en substance ce commentaire : les problèmes que nous avons à surmonter, ici, sont un peu de même nature que ceux auxquels vous êtes confrontés, vous, les journalistes…

Remarque pertinente ! Tout au long de l'enquête que j'ai conduite pour écrire ce livre, je m'en suis fait la réflexion : les journalistes et les économistes sont confrontés à des problématiques qui, pour certaines d'entre elles, sont voisines. Notamment celles liées à l'honnêteté et à l'indépendance. Examinons en effet comment cette question de l'indépendance se pose pour la presse, ainsi que les séismes qui ont affecté ces dernières années le métier de journaliste – on aura tôt fait de discerner les points de similitude avec les graves bouleversements que vivent aujourd'hui les économistes.

Pour la presse, c'est le programme du Conseil national de la Résistance (CNR), en mars 1944, qui définit le mieux l'ambition de l'après-guerre : la République nouvelle devra s'appliquer à garantir « la liberté de la presse, son honneur et son indépendance à l'égard de l'État, des puissances d'argent et des influences étrangères ». En rupture avec ce qu'était la presse affairiste de l'entre-deux-guerres, c'est ce principe, établissant une muraille de Chine entre les actionnaires et les rédactions, qui va modeler le fonctionnement de nombreux grands quotidiens. Ce sera longtemps le cas du *Monde*, dont son fondateur Hubert Beuve-Méry dira qu'il doit se tenir loin de la « presse d'industrie », c'est-à-dire se garder à bonne distance des milieux d'argent et rester un journal propriété de… ses journalistes. C'est en application de ce principe que, durant de longues années, le capital du *Monde* restera majoritairement contrôlé par ses actionnaires journalistes, les grands capitalistes parisiens tels François Pinault et consorts n'ayant guère que 0,5 % du capital chacun, ou à peine plus. Et, longtemps après, l'histoire de *Libération*, pour ne parler que de cet autre journal, a été approximativement la même. Elle aussi s'inspirait des mêmes principes républicains, garantissant une indépendance totale de la rédaction.

On connaît la triste histoire de ces dernières années. L'un des principes fondateurs de la République, celui qui a été édicté par le CNR, a été battu en brèche. Progressivement, c'est une double normalisation qui est survenue. Une normalisation économique d'abord :

tous ces journaux, et beaucoup d'autres dont l'histoire trouvait sa source dans la même aspiration démocratique, ont été croqués les uns après les autres par des amis du Palais, pour beaucoup proches de Nicolas Sarkozy, témoins de mariage pour les uns, « frère » pour les autres, parfois dépendants des commandes publiques, obligés dans tous les cas de figure. Et, dans la foulée, une normalisation s'est le plus souvent ensuivie, plus ou moins spectaculaire. Une banalisation ou une instrumentalisation éditoriale dont nous avons vu, précédemment, quelques tristes illustrations lorsque nous avons marqué un temps d'arrêt sur la presse économique.

Pour beaucoup de journalistes de ma génération, cette double remise au pas, économique et éditoriale, a été un choc majeur. Je l'ai vécu dans mon parcours professionnel : quittant *Le Monde*, j'ai cheminé avec d'autres confrères pour créer *Mediapart*, c'est-à-dire contribuer à refonder un journal indépendant. Mais notre démarche, pour chère qu'elle me soit, n'a rien de singulier. D'autres, de manières différentes, ont cheminé dans le même sens : je pense en particulier à mes confrères des *Échos* qui, face au projet de rachat de leur journal par Bernard Arnault, se sont engagés avec la Société des journalistes, comme nous l'avons vu, dans une révolte déontologique qui répondait à la même aspiration. À cette passion d'indépendance sans laquelle il n'y a pas de presse libre et honnête.

Écoutant Thomas Piketty me raconter comment, alors directeur de l'École d'économie de Paris, il est allé solliciter, avec le sentiment de faire son devoir, le soutien des grands groupes financiers, dont Axa ou encore BNP Paribas, pour financer la jeune institution qui allait voir le jour, j'ai pensé qu'il était alors dans un cheminement similaire au nôtre, lorsque nous rêvions en d'autres temps que les investisseurs amenés au capital du *Monde* par Alain Minc n'aient pas d'arrière-pensées. Mais peut-être aussi dans les mêmes illusions.

Car le raisonnement de Thomas Piketty est indéniablement vertueux. Des propos qu'il m'a tenus, je comprends qu'il a sollicité des financements privés pour l'École d'économie de Paris en pensant que ces financements resteraient minoritaires face aux financements publics. Un peu comme les journalistes du *Monde* en d'autres temps acceptaient qu'un François Pinault ou l'un de ses semblables entre au capital du journal, mais à la condition qu'aucun d'entre eux n'en contrôle plus de 0,5 % ou à peine plus et que la Société des rédacteurs reste largement majoritaire. Je comprends le sentiment qu'ont pu avoir les fondateurs de l'École d'économie de Paris, au début : puisqu'en 2006, cette loi autorisait l'apport de fonds privés pour financer des pôles d'excellence en économie, pourquoi ne pas en profiter, mais en posant des garde-fous méticuleux ; en veillant à ce que les organismes fondateurs (École normale supérieure, CNRS, EHESS...) gardent la main et dirigent l'école ; en acceptant ces financements privés, mais dans des proportions limitées...

Pourquoi ne pas en profiter ? J'imagine aussi que la logique de l'État pauvre a incité de nombreux chercheurs en toute bonne foi, et pas seulement les ultras du libéralisme, à aller chercher du côté du privé, mais avec d'infinies précautions, les financements que la puissance publique leur attribuait de plus en plus chichement.

Louable intention ! Il faut pourtant admettre que ces précautions prises par ces économistes attachés à l'indépendance du métier de chercheur et, au-delà, soucieux de l'intérêt général ont été battues en brèche en fin de course. N'est-ce pas ce qu'établit mon enquête ? partout, la finance s'est insinuée. Partout le virus s'est propagé et a tout contaminé à des degrés divers. En clair, le virus qui est à l'œuvre est exactement le même que celui qui a perverti une bonne partie de la presse. Qui a grignoté *Le Monde* et qui a fini par l'avaler. Qui a grignoté *Libération*, et qui a fini aussi par le gober…

À l'École d'économie de Paris, les fondateurs sont sans doute parvenus à limiter cet effet de contagion et à garder la main. Mais pas totalement – il faut, me semble-t-il, avoir la lucidité de l'admettre. Car si une fondation a été créée, où les financements privés sont minoritaires et où les contenus des enseignements et des recherches sont totalement protégés de tout risque d'influence, il existe aussi des chaires directement financées par des grands groupes financiers ou industriels.

Et puis, si on laisse de côté ce pôle d'excellence – et de résistance – que constitue l'École d'économie de Paris, le reste du paysage français est franchement déprimant : partout, la finance a pris le pouvoir. À l'École d'économie de Toulouse, bien sûr. À Dauphine, plus encore, où l'invasion de la finance dans un nombre incalculable de chaires confine au scandale démocratique… C'est une sorte de mithridatisation : la faculté française qu'est Dauphine a été privatisée *de facto*, livrée en pâture à des organismes financiers, dont certains ont été lourdement sanctionnés par l'Autorité des marchés financiers, et pourtant… plus personne ne s'en soucie. Comme on s'est résigné à ce qu'une université publique, rompant avec le principe républicain de la gratuité de l'enseignement, ose demander des droits d'entrée supérieurs à 4 000 euros en master. Après les primes scandaleuses des dirigeants de Sciences Po, à quand des stock-options et un formidable parachute doré pour le président de cette université de Dauphine ?

Voilà où nous en sommes. La finance exerce une tyrannie sur les politiques publiques, culbute les uns après les autres tous les grands pays européens qui multiplient les plans d'austérité à chaque fois qu'une agence de notation toussote. Et elle a si bien pris le pouvoir qu'elle a même placé sous son influence voire carrément corrompu bon nombre d'économistes, ceux-là mêmes qui auraient dû avoir pour fonction de sonner le tocsin et de prévenir de la tourmente qui arrivait.

Elle a pris le pouvoir ou c'est elle, par effet de mimétisme, qui donne le *la* partout. Jusque dans la presse économique dont certains hiérarques n'éprouvent pas la moindre honte à décerner, en 2011, un prix au principal banquier français, l'année même où l'Europe tout entière plonge dans la récession et s'enfonce dans une crise sans fin, à cause des folies commises précisément par les banques et la finance au cours de ces trois dernières décennies.

Toute la nécrose que nous avons pu constater au cours de cette enquête, toutes les compromissions, ou pire, toutes les corruptions, viennent de là. La crise formidable dans laquelle nous sommes entrés depuis 2007 aurait dû faire émerger des grandes voix d'économistes, indiquant des solutions fortes pour surmonter ce choc. Comme la crise de 1848 a permis à Marx de prendre son envol. Comme celle de 1929 a permis à Keynes de prendre le sien. Mais au lieu de cela la crise présente a surtout permis de mesurer que beaucoup d'économistes avaient eux-mêmes été comme avalés par la finance. Que d'une façon ou d'une autre beaucoup en dépendaient ou en vivaient. Ou qu'ils étaient intellectuellement sous sa dépendance.

Et quand des économistes se sont inquiétés de la folle dérégulation à laquelle il a été procédé au cours de ces trois dernières décennies, de la tempête que cela risquait de déclencher, ils n'ont guère été entendus. Ou la parole ne leur a guère été donnée.

De tout cela, les économistes devront tirer aussi les leçons. Pour eux-mêmes ; pour redonner crédit à leur discipline. Je dis cela sans morgue ni arrogance. Car là encore c'est un point commun entre journalistes et économistes. Dans l'opinion, il pèse en effet un discrédit, qui est souvent fort, sur les journalistes, souvent réputés être de connivence avec les puissants. C'est le fond de ma conviction : le combat pour refonder une presse indépendante doit avoir pour objectif de regagner ce crédit auprès de l'opinion, pas à pas, par la production d'une information honnête, libre, rigoureuse… Et sans doute en est-il de même pour les économistes. Si beaucoup de chercheurs se sont heureusement tenus à l'écart des connivences, il existe maintenant un doute dans l'opinion. Un doute qu'il faudra maintenant s'employer à balayer. Pour que collectivement les économistes retrouvent ce crédit qu'ils n'auraient jamais dû perdre. Pour qu'ils éclairent enfin, de manière plus inventive, les chemins d'une sortie de crise.

En bref, sans doute faut-il un sursaut.

Indéniablement, faut-il d'abord qu'à la faveur d'une prochaine alternance la scandaleuse loi dite relative aux libertés et aux responsabilités des universités (LRU) soit abrogée et que le système qui a ouvert sans limites les universités aux financements privés, sous la forme de fondations organisant des partenariats publics-privés d'abord à l'avantage… du privé, soit revu. Il y a là une urgence.

Pour ce qui me concerne, en tout cas, je tirerai les enseignements de ce que mon enquête m'a fait découvrir. Et dans mon activité de journaliste, à *Mediapart*, j'en ferai bon usage. Je ferai en sorte que durant la campagne présidentielle les candidats à l'élection présidentielle soient aussi interpellés sur ces sujets majeurs : est-il normal que l'École d'économie de Paris bénéficie au total de beaucoup moins de crédits que celle de Toulouse ? Est-il démocratiquement acceptable que les recherches sur les thématiques libérales proches des marchés soient beaucoup plus encouragées que celles sur les thématiques liées à la régulation ? La crise si grave que nous traversons ne justifie-t-elle pas de conforter la recherche indépendante, en y mettant s'il le faut d'importants moyens publics ?

La réponse coule de source. Car la puissance publique n'a souvent pas fait son devoir. Et si elle favorise ces partenariats dangereux, c'est aussi parce que, dans une course aux économies budgétaires, elle ne veut, ou ne peut, plus assumer ses responsabilités. C'est l'une des innombrables conséquences de l'État pauvre : de nombreuses missions ont été rognées. Et les organismes publics un peu trop indépendants ont souvent été les premiers à en faire les frais. Que l'on observe par exemple les mauvais coups en cascade dont l'Institut national de la statistique et des études économiques (Insee) a pâti ces dernières années. Réduction drastique de crédits, remise au pas de l'institut au prétexte d'une délocalisation : Nicolas Sarkozy n'a cessé d'afficher son mépris pour la statistique publique indépendante, sans laquelle il n'y a pourtant pas de débat démocratique honnête.

En fait, l'État a parfois achevé le travail entrepris par la finance pour qu'il n'y ait plus de recherche économique indépendante. Et pour qu'en bout de course, la société soit, si l'on peut dire, aveugle sur elle-même. Car sur une longue période il n'y a pas eu que l'Insee que l'on a cherché à démembrer et dont les moyens ont été amputés. Il y a eu aussi le célèbre et fâcheux précédent du Centre d'études des revenus et des coûts (Cerc), purement et simplement supprimé. Que l'on se souvienne pourtant de son utilité ! Tout au long des années 80, ce célèbre institut public scrutait les évolutions des inégalités françaises, et publiait de remarquables études qui avaient le don d'indisposer au plus haut point les gouvernements successifs. Longtemps, le Cerc a ainsi prodigieusement agacé la gauche, en établissant de manière rigoureuse que sous le second septennat de François Mitterrand les inégalités se creusaient fortement, du fait des « années fric ». Puis, la droite s'en est irritée à son tour. Jusqu'au jour où, en 1994, le Premier ministre de l'époque, Édouard Balladur, décida de supprimer le Cerc. Avec le consentement tacite de la gauche qui, depuis, n'a jamais songé ni même demandé son rétablissement. Et le résultat est celui que l'on sait : si l'Insee a repris une partie des études de l'ex-Cerc, il en est beaucoup d'autres qui ont été abandonnées ou qui sont désormais beaucoup moins complètes. Sur les inégalités, sur la pauvreté, sur les travailleurs pauvres…

Oui, c'est une sorte de pacte tacite ! La finance a lancé une OPA sur la recherche et l'enseignement de l'économie ; elle a aussi pris sous sa coupe ou son influence de nombreux économistes parisiens. Et dans le même temps, l'État a multiplié les coupes claires, restreignant les crédits ici, supprimant là un observatoire. Allez vous étonner ensuite que les économistes n'aient pas tous fait leur office quand la crise a commencé...

Sans doute faudrait-il aussi que la collectivité des économistes français, dans toutes leurs composantes, se dote d'un code de déontologie. Aux États-Unis, de nombreuses universités s'en sont dotées. En France, cela commence à faire débat. À l'École d'économie de Toulouse, un tel code a ainsi déjà vu le jour. À l'École d'économie de Paris, il est en réflexion, même si de grands économistes de cette institution traînent des pieds pour de très mauvaises raisons. Mais sans doute serait-il utile – c'est ce que m'ont dit de nombreux chercheurs au cours de mon enquête – qu'une réflexion s'engage dans un cadre plus vaste, par exemple au sein de l'Association française de science économique, qui regroupe les économistes dans toute leur diversité.

Oui, sans doute faudrait-il un sursaut. Dans un arrêt célèbre, la Cour européenne des droits de l'homme définit la mission d'un journaliste comme celle d'un « chien de garde – un *watch dog* ». La formule n'est certes pas très belle, mais on comprend bien ce qu'elle signifie : dans une démocratie, la fonction citoyenne d'un journaliste est de donner l'alerte, même de manière un peu bruyante, au besoin, si l'on peut dire, en aboyant un peu fort.

Or, à l'évidence, cela aurait dû être aussi, dans leur domaine de compétence, la fonction des économistes, à partir de 2007, quand la crise financière s'est creusée : alerter sur les folies de la finance, qui menaçait de plonger le monde dans des turbulences gravissimes ; alerter sur les politiques néolibérales qui au lieu de re-réguler un peu les marchés financiers leur ont concédé encore plus de libertés ; alerter sur les politiques d'austérité et les souffrances sociales qu'elles risquaient de générer en même temps que la récession qu'elles menaçaient d'engendrer ; et puis, par-dessus tout, alerter sur les voies différentes qu'il était possible d'emprunter et combattre la « pensée unique »...

Pour dire vrai, c'est même une sorte de GIE démocratique qui aurait dû se former entre les économistes et la presse. Pour sonner le tocsin. Pour prévenir de la catastrophe annoncée... À l'évidence, ce n'est pas ce qui s'est produit. Comme on l'a vu, c'est même souvent l'inverse qui s'est passé : les économistes souvent les plus liés à la finance et qui ont leurs entrées dans les grands médias ont disposé d'une situation de quasi-monopole de l'expression publique.

Mais la crise a eu au moins cette vertu de mettre à nu ces connivences. Et aussi de faire émerger de nouvelles indignations ou colères. Alors ce GIE démocratique, sans doute n'est-il pas trop tard pour le constituer. Car, indéniablement, de très nombreux économistes aspirent à faire bouger les choses. C'est ce dont témoigne par exemple la constitution, début 2011, du mouvement des « économistes atterrés ». Ils s'en expliquent sur leur site Internet : « Atterrés par la soumission des politiques économiques actuelles aux exigences des marchés financiers, les membres de l'association veulent œuvrer pour la refondation de l'économie politique. Ils veulent éclairer le débat public sur la nécessité d'une autre politique économique brisant la domination des marchés financiers, favorisant la création d'emplois de qualité, favorisant la cohésion sociale et le plein emploi, répondant aux nécessités issues de la crise écologique. » Pour conjurer la crise, pour la faire reculer, encore faudrait-il également que les politiques eux-mêmes se convainquent qu'il n'y a pas de solution unique, qu'il n'y a pas qu'une seule politique économique possible. Encore faudra-t-il briser des résistances et des conservatismes – dont la gauche et notamment la gauche socialiste est malheureusement la première prisonnière.

Mais tout de même ! Si les « chiens de garde » font leur office ; si une nouvelle alliance se forme entre des journalistes attachés à leur indépendance et des économistes qui veulent défendre la leur, au moins le débat public sortira-t-il des sentiers ordinaires, ceux qui sont balisés par le « cercle de la raison ». Ou le cercle des économistes bien-pensants. Car heureusement il existe des alternatives… Et même, en période de crise, des alternatives radicales. Mais d'abord il faut subvertir le diktat « Tina ». Car c'est cela la première imposture : prétendre que la tyrannie de la finance ne peut pas être mise à bas.

Ensuite, si cette tyrannie est remise en cause, n'en déplaise aux conservateurs de tout poil et même aux socialistes frileux, tout est possible. Oui, n'en déplaise aux innombrables imposteurs de l'économie, c'est bien le vieux Marceau Pivert qui avait raison : tout est possible…

L'expression est malheureuse (P. Nizan)

Table des matières

Pour débattre de ce livre

Quiconque veut correspondre avec l'auteur au sujet de ce livre peut le faire en lui adressant un courrier à son nom, adressé à *Mediapart*, 8 passage Brulon, 75012 Paris, ou un courrier électronique à l'adresse suivante : laurent.mauduit@mediapart.fr.

Il est aussi possible d'échanger avec l'auteur en se rendant sur son blog : mediapart.fr/club/blog/laurent-mauduit.

Les articles consacrés à ce débat seront également partagés sur Facebook à l'adresse : facebook.com/laurent.mauduit et sur Twitter à l'adresse : @LaurentMauduit.

Cercle des Economistes et
Conseil d'analyse Economique, deux
organes dogmatiques

Infogreffe, site du Tribunal de commerce
de Paris

Composé par Facompo
à Lisieux (Calvados)

Imprimé en France par

CPI
BRODARD & TAUPIN

à La Flèche (Sarthe)
en octobre 2012

Thomas Piketty
Philippe Askenazy
OFCE (Fitoussi) Observatoire français des
conjonctures économiques.
Consulter le site "Speakers Academy"
Bernard Maris
Le Canard enchaîné.
Programme du CNR (1944)

POCKET – 12, avenue d'Italie – 75627 Paris Cedex 13

Association française de science économique

N° d'impression : 70420
Dépôt légal : novembre 2012
S23407/01